DU
DROIT DE LA FAMILLE

DANS SES RAPPORTS

AVEC LE RÉGIME DES BIENS

EN DROIT ANDORRAN

MINISTÈRE DE L'INSTRUCTION PUBLIQUE
ET DES BEAUX-ARTS

DU
DROIT DE LA FAMILLE

DANS SES RAPPORTS

AVEC LE RÉGIME DES BIENS

EN DROIT ANDORRAN

PAR

M. G. PLATON
ANCIEN ÉLÈVE DE L'ÉCOLE DES HAUTES ÉTUDES

Extrait du *Bulletin des sciences économiques et sociales du Comité
des travaux historiques et scientifiques*, année 1902

PARIS
IMPRIMERIE NATIONALE

MDCCCIII

DU
DROIT DE LA FAMILLE
DANS SES RAPPORTS
AVEC LE RÉGIME DES BIENS
EN DROIT ANDORRAN.

Ce n'est, croit-on, qu'au théâtre qu'on voit les fils de roi épouser les bergères. L'Andorre est un pays où ces choses très vieilles et qui paraissent fabuleuses, se pratiquent encore. On y voit des fils de riches épouser, avec le consentement de leurs parents, des filles pauvres, qui ne leur apportent pas de dot; et les familles les plus distantes par la fortune se lient journellement, entre elles, par des mariages que l'opinion, dans notre société démocratique, ne comprendrait et n'accepterait guère. Il n'est pas rare de découvrir que la femme de l'Andorran le plus modeste est la sœur de tel ou tel personnage, qu'on cite comme un des hommes les plus riches de l'Andorre. Des liens de parenté qu'un étranger, un Français surtout, vivant sous le régime du Code civil, ne soupçonnerait pas, rattachent ainsi les unes aux autres les familles les plus diverses de condition, et entretiennent, entre les différents éléments de la population, une bienveillance réciproque, une harmonie qu'on ne trouvera bientôt nulle part ailleurs. D'où vient cette entente particulière? par quelles institutions s'explique cette paix sociale?

C'est ce qu'a justement pour objet d'exposer la présente étude sur le *droit de la famille dans ses rapports avec le régime des biens en Andorre.*

Ce droit de la famille et ce régime des biens paraissent, à l'étranger et surtout au Français vivant sous le régime du Code civil, quelque chose de particulier et tout à fait sans analogue. En réalité, c'est notre ignorance seule et notre oubli profond des traits de l'ancienne société française, avant la Révolution, qui sont cause que nous pensons ainsi.

La présente étude le montrera nettement.

CHAPITRE PREMIER.

Toute l'originalité du régime social andorran provient de la pratique générale, parmi les populations des vallées, d'une institution bien connue dans l'ancienne France, surtout des pays de droit écrit: «l'institution contractuelle» qu'on appelle en Andorre et en droit catalan «heredamiento» ou «nombramiento de heredero», et qui, soumise dans les hautes vallées dont nous nous occupons, à des règles plus rigoureuses, a pris une importance particulière. Cette «institution contractuelle» est la clef de voûte de tout l'édifice social andorran, de tout le régime de la famille et de tout le régime des biens; car, c'est une chose capitale et qu'il ne faut pas perdre de vue, famille et biens sont là étroitement unis.

Sous le régime du Code civil, qui est celui de la propriété individuelle absolue, — l'individu, détenteur momentané des biens, absorbant en lui tous les droits dont ils peuvent être l'objet, — toute attache directe se trouve rompue entre les biens et la famille, envisagée comme personne morale. L'individu peut les vendre, les donner, s'en dessaisir, en sorte qu'aucune de leurs parcelles ne passe à sa famille. Les droits que cette dernière peut avoir sur ces biens n'apparaissent qu'à la mort de l'individu, en ce qui touche ceux dont il n'a pas jugé à propos de se dessaisir par acte entre vifs, et encore ces droits de la famille peuvent-ils être limités, par la volonté posthume du défunt, s'il lui plaît, à la part qu'on appelle *légitimaire*.

Dans le droit andorran, comme dans les autres droits appartenant au même type et animés du même esprit, c'est tout le contraire qui a lieu. Le chef de la famille n'est plutôt que le détenteur passager, le simple usufruitier du patrimoine, qu'il administre et qui est la chose, la propriété de tout le groupe familial. Biens et famille sont étroitement unis et ne se conçoivent pas l'un sans l'autre. La grosse affaire pour le groupe, l'objet presque unique de son régime intérieur sera de déterminer comment et par qui, pour le groupe, s'administrera le patrimoine commun.

A Rome, le même problème s'était posé et avait été résolu par la pratique, de plus en plus générale, du testament. Le plus grand malheur qui pût arriver, comme on le sait, au *pater familias*, c'était de mourir intestat. Il lui importait beaucoup, et il n'importait pas moins à la famille, qu'il eût pris, avant de mourir, les dispositions les plus propres à sauvegarder l'avenir moral et matériel du groupe.

C'est ce même résultat que poursuit l'institution contractuelle des pays de droit coutumier français, le «nombramiento de heredero» de l'Andorre et des pays de droit catalan. Mais, on le voit, le moyen employé ici est tout différent de celui qu'on employait à Rome. Le *pater familias* atteint son but par des dispositions de dernière volonté que jusqu'à sa mort il reste libre de modifier. Dans l'institution nouvelle, institution contractuelle et *nombrament de hereu*, c'est au moment même du mariage, au moment où la nouvelle famille se fonde, destinée à continuer l'ancienne, que le chef de famille fixe le sort réservé, après sa mort, au patrimoine familial, détermine quelle sera, par rapport à cet ensemble de biens, la situation juridique des nouveaux époux. Des dispositions formelles du droit romain avaient interdit tout pacte sur succession future; il paraissait contraire aux bonnes mœurs que le père de famille pût se lier les mains, abdiquer, en quelque mesure, son droit de remanier jusqu'au dernier moment ses clauses testamentaires[1]. L'essence de l'institution contractuelle et du «nombramient de hereu», c'est justement de disposer de cette succession qui n'est pas encore ouverte. Cujas la définit d'un mot, un «don irrévocable de succession : datio successionis»; et, après lui, Eusèbe de Laurière expose plus au long «que l'institution contractuelle est un don irrévocable de succession ou d'une partie de succession, fait par contrat de mariage, au profit de l'un des deux époux ou des enfants qu'ils doivent avoir ensemble. L'institution contractuelle se distingue de la donation entre vifs en ce qu'elle a pour objet des biens à venir: tout ou partie des biens que le donateur laissera à l'époque de son décès. Au contraire, elle se sépare de la donation testamentaire pour se rapprocher de la donation entre vifs par son caractère d'irrévocabilité». Il s'ensuit qu'elle ne confère à l'institué aucun droit *actuel*, mais seulement un droit *éventuel*. Mais, de ce qu'elle est un droit irrévocable, il suit que l'instituant ne peut donner à un autre ce qu'il a donné déjà à l'institué. Il ne peut pas faire de donation au préjudice du droit de l'institué. Notre article 1083 du Code civil résume la doctrine : «La donation portée au précédent article sera irrévocable, en ce sens seulement que le donateur ne pourra disposer, à titre gratuit, des objets compris dans la donation, si ce n'est pour *sommes modiques à titre de récompenses ou autrement*». Sur ce dernier point, l'ancien droit reconnaissait à l'instituant des droits plus étendus que ceux dont il jouit d'après le Code civil : outre qu'il lui permettait de disposer de bonne foi des biens donnés à tout autre titre qu'à titre gratuit, il lui reconnaissait le droit de disposer en faveur des autres enfants, à condition de faire des libéralités modérées et n'excédant guère leur légitime.

En résumé, l'institution contractuelle est une institution «contre le droit», comme dit Merlin dans son répertoire, et contradictoire dans ses éléments. C'est un testament irrévocable, c'est une donation de biens à venir, une donation, c'est-à-dire un acte irrévocable qui ne produira d'effet que plus tard; c'est enfin cette chose inconnue et proscrite du droit romain, un pacte sur succession future.

D'où vient cette institution? Comment s'est-elle formée? Il serait intéressant de le rechercher. Il y aurait avantage, pour bien comprendre son rôle, à mieux connaître sa nature. Mais ce n'est pas ici le lieu de se livrer à cette recherche difficile et longue. L'idée générale que nous avons de l'institution suffit, au reste, pour notre but, et nous permet d'aborder, sans trop de désavantage, l'étude de ce qu'elle a été en Andorre et du rôle qu'elle a joué sous le nom de «nombramiento de heredero».

---

[1] L. 4, C. J. viii, 39. Diocletianus et Maximinianus CC. Dominæ. Ex eo instrumento nullam vos habere actionem quo *contra bonos mores de successione futura interposita fuit* stipulatio, manifestum est, quum omnia quæ contra bonos mores vel in pactum vel in stipulationem deducuntur, nullius momenti sint.. Cf. encore L. 61. D. De Verborum obligatione, xlv, 1, et l. 52, § 9 D, xvii, 2.

CHAPITRE II.

Tout le droit familial andorran repose sur l'institution d'héritier et les conséquences juridiques qu'elle entraine pour les différents membres de la famille.

Avant d'entrer dans le détail de l'institution, il nous faut faire une remarque. Le «nombramiento de heredero» n'est pas propre à l'Andorre : nous venons de le dire; et l'on doit s'attendre à le rencontrer pour le moins dans tous les pays de droit écrit. Mais, de plus, il faut ajouter qu'à ce point de vue particulier comme à tous les autres on ne saurait méconnaître et il faut signaler la parenté plus étroite de la coutume d'Andorre et du droit catalan. Ce qui prouve cette parenté, c'est d'abord ce grand fait qui en dit plus long que tout le reste : tout le notariat andorran vient de Barcelone ou des pays de droit catalan. Pas un notaire qui n'ait appris le notariat en dehors de l'Andorre dans les pays ou règne la coutume catalane. Les formulaires employés sont ceux de Barcelone. Pour ne citer que les deux plus répandus, ce sont ceux de Falguera (Félix. M.) : *Formulario completo de Notaria*, 3ᵉ édicion, Barcelona, 1888, in-8°, et le vieux recueil de Morelló : *Coleccion de contratos, pactos publicos, testamentos y ultimas voluntades para gobierno de los notarios de Cataluña*, Barcelona, 1825, in-8°, sur lesquels sont calqués tous les actes andorrans.

En second lieu, c'est une chose bien connue et qui saute aux yeux de quiconque parcourt les sentences du *batlle*, que toutes les sentences difficiles ont été rédigées par les avoués de la Seo, et toutes les difficultés tranchées par les principes du droit catalan. — Ce qu'on appelle la coutume d'Andorre apparaît comme une sorte de dépendance, d'extension du droit catalan, tout au plus une application particulière de ses principes.

Il s'ensuit que dans notre étude nous serons parfaitement fondés à interpréter ce que les actes notariés ou les jugements andorrans présenteront d'obscur par les renseignements tirés des formulaires catalans en usage en Andorre ou les règles du droit catalan. Nous avons cité les deux principaux de ces formulaires. Parmi les travaux sur le droit catalan auxquels nous aurons recours, nous mentionnerons comme les plus importants les Commentaires de N. Vives y Cebria sur les «usages y demas derechos de Cataluna que no estan derogados o no son notoriamente inutiles», 2ᵉ édicion, et les *Instituciones del derecho civil catalan; exposicion metódica de las leyes*, precedida de una introduccion histórica, par Mᵉ de Brocá y J. Amell; Barcelona, 1886, 2 vol. in-8°.

Cela dit, revenons à notre sujet : l'institution d'héritier et le contrat de mariage dont cette institution d'héritier fait la clause principale. Le contrat de mariage est désigné d'ordinaire par l'expression *capitols matrimonials*. C'est le contrat le plus important qui puisse être conclu : comprenant l'institution d'héritier, il peut être à bon droit considéré comme la loi, la charte de la famille. Il n'est pourtant pas absolument nécessaire que les *capitols matrimonials* soient arrêtés et passés par-devant notaire avant le mariage. La pratique générale est que cela se fasse ainsi : les deux familles dont les enfants vont s'unir en mariage et surtout la famille de la fille ou du fils qui passe dans une maison étrangère ont intérêt à arrêter d'avance les conditions auxquelles elles font abandon de leur enfant et à connaître le sort réservé aux enfants qui naîtront de cette union. Mais s'il plaît ainsi aux principaux intéressés, le père de l'époux peut toujours se réserver le droit de disposer quand il le voudra, par voie testamentaire ou *capitols matrimonials* postérieurs à la célébration du mariage, du patrimoine familial dont il a l'administration [1].

Dans ces *capitols matrimonials* antérieurs ou postérieurs à la célébration du mariage, comment se fait cette «institution d'héritier» qui en est l'objet principal? en quoi consiste-t-elle?

Voici en quels termes, d'après un contrat passé par Soldavilla, le 18 juin 1784 (archives d'Andorre), se fait l'institution à titre d'héritier du futur époux : Le père du futur l'institue *hereu* «hereta y per titol de heretament y donacio universal concedeix al futur y a qui ell voldria perpetuament totas y qualsevol cosas, etc.». — Quelle est, après cela, la situation respective du père et de l'*hereu*, quels sont les droits qu'a pu se réserver l'instituant et les droits de l'institué? Le contrat s'exprime ainsi : «Lo qual heretament e donacio *universal*» est faite sous condition que, sa vie durant, l'instituant «sia senor e usufructuari de totas las cosas y aquellas tinga per dret de usufruit per raho de qual no sia obligat a prestar caucio alguna, ans be puga usar de aquel a arbitre de bon baro, — del dit usdefruit promet lo dit donator alimentar en sa propia casa en tos los gastos, etc.», le futur, la future et les enfants à naître du mariage.

Juridiquement cet «heretament», cette institution d'héritier se présente comme une donation à titre universel. C'est sur ce terme «universel» qu'il faut tout d'abord porter notre attention. Il faut entendre par là que l'instituant transporte à l'institué l'ensemble, la totalité des biens dont il peut disposer, c'est-à-dire tout le patrimoine familial, moins la part que la loi réserve sous le nom de légitime aux autres enfants. L'*hereu* ainsi désigné est tout près de l'*heres* du droit romain ; il continue la personne de l'instituant, le représente dans tous ses droits actifs et passifs susceptibles de transmission, succède à ses créances, à ses charges. Il est enfin le vrai maître de la *casa*; c'est lui qui est le titulaire du droit de propriété sur l'ensemble de biens qui constituent le patrimoine familial.

Le droit de nue propriété, qui lui est ainsi transmis, est irrévocable: et la donation à titre universel dont il dérive n'est pas soumise à révocation

[1] BROCA Y AMELL, *Instituciones del derecho civil catalan*, p. 184, note 1.

pour cause d'ingratitude. La plupart des contrats d'*heretament* mentionnent cela expressément.

Mais à ce droit seul de nue propriété se borne le plus souvent le droit de l'héritier institué. L'instituant, jusqu'à sa mort comme nous l'avons dit, a l'usufruit du patrimoine transmis, et même les droits qu'il retient sur l'héritage comprennent celui de disposer, dans certaines limites, de la nue propriété.

L'instituant se réserve «per testar y a sa libre voluntat fer 100 lliures Barc. (ou toute autre somme de faible importance); y en cas de morir sens haver disposat de dita quantitat reservada vol que aquesta sia dividida per collocar los demes fills y fillas seus, assignant major quantitat a dita sa filla si lo partit ho mereix, a coneguda dels Parents proximiors de una y altra part». — Cette réserve d'une certaine somme, pour en disposer librement par testament ou doter les enfants autres que l'*hereu* institué, se retrouve dans tous les contrats de mariage. Il répugne au père de famille instituant un héritier, de se dépouiller complètement, de se priver du droit de disposer tout au moins d'une partie de ses biens par acte de dernière volonté.

Parfois l'institué est associé plus intimement à la gestion des biens dont il sera plus tard le maître unique; et l'instituant ne s'en réserve pas exclusivement l'usufruit. Nous trouvons dans un acte de *Moles* du 15 février 1824 que le père se réserve l'usufruit, mais avec cette clause : «es tractat que ni lo donator ni donataria y son marit podran fer tracte algun de cinq sols en amont sens consentament de tots, baix decret de nullitat». — Une sentence du *batlle* Jaume Casal témoigne d'une situation analogue. Bonaventure Riba institue sa fille *hereva* par *capitols matrimonials* en vue de son mariage avec Pierre Areny; puis, quelque temps après la célébration du mariage, à l'insu de l'héritière et de son mari, vend une pièce de terre à *Mas Finter*. Le beau-père mort, le gendre attaque la vente, et prétend évincer l'acheteur. Le juge prononce: «atès que — encara que no ha justificat degudament lo defendent que lo contracte de venta fos cellbrat antes la octorgacio dels capitols matrimonials — consta en los mateixos que lo venedor se reservá en la donacio la cantitat de 100 lliures Barceloneses; — atès que fins à la dita suma pot lo propri Bonaventure Riba vender des bens donats sens intervencio ni consentement de la donataria y de son marit» : Jugé que la vente faite par Bonaventure Riba est valide. Au delà des 100 livres dont il s'est expressément réservé la libre disposition, le donateur n'a plus le droit de disposer seul, pas *plus à titre onéreux* qu'à titre gratuit[1], d'une parcelle quelconque du patrimoine; la vente, pour être valable, doit être ratifiée par l'héritier institué.

On peut donc dire que, d'une manière générale, l'institution d'héritier est une donation de biens *présents*, emportant pour l'instituant l'impossibilité

[1] Cf. CC. art. 1083.

de disposer à titre onéreux ou gratuit de la nue propriété et également de l'usufruit des biens donnés, et non pas, comme le voudrait l'article 1082 de notre Code civil *une donation des biens qu'il laisserait au jour de son décès*.

Pour bien marquer cette transmission immédiate de la nue propriété à l'héritier institué, les actes aussi bien que les formulaires disent expressément que cette *donacio e heretament universal* est faite *ab totas clausulas de extraccio de domini, possessio, — constitut, cessio de drets et accions, constitucio de procurador com en cosa propria, intima y demes acostumadas*. Il ressort de la formule que l'instituant fait cession immédiate à l'institué de tous les droits, sauf l'usufruit, qu'il peut avoir sur les biens compris dans la donation : propriété, possession, tous autres droits et actions ; qu'il se constitue possesseur ou plutôt détenteur de la chose *alieno nomine*, nomine emtoris ; ne pouvant en disposer qu'à titre de mandataire de l'institué. La formule se trouve plus complète et plus claire dans un modèle d'acte de vente du *Speculum juris* de *Guillaume Durantis* : L. IV, pars 3ª (Venetiis, 1602, in-f°, p. 133) : *Cum A vendiderit B petiam unam terræ et ipsam rem constituerit se ejus nomine possidere, donec ipsius rei corporalem acceperit possessionem, dans ei licentiam ut ex tunc suâ authoritate eam accipere posset, et idem B tám auctoritate propriâ quam ex licentiâ et potestate venditoris si a venditore tradita — (et si venditor fuerit præsens addes : ex voluntate venditoris ibidem præsentis) ingressus est corporalem possessionem ejusdem rei in ipsam terram corporaliter intrando et de terra et de frondibus accipiendo*. Et un peu plus loin, même page, C. *Sed salvari potest si postea sequitur in instrumento quod venditor constituit se possidere nomine emptoris*. Consulendum est ergo emptori ut vel venditor dicat : *constituto me tuo nomine possidere*, vel quod ipse venditor roget precario ab emptore vel et *retineat usufructum* quia tunc verum translatum dominium et possessio ut C. 28. De donationibus, VIII 54 et ff. De acquisit. dom. et de actionibus empti et venditi : loi Julianus, § si venditor (D. XIX. I. Loi 13). — Ce *constituere se alieno nomine possidere*, c'est ce que les interprètes du droit romain ont appelé le *constitut possessoire*[1]. Nous le voyons clairement défini L. 18. D. XLI, 11. De acquirenda vel amittenda possessione : *Quod meo nomine possideo, possum alieno nomine possidere, nec enim muto mihi causam possessionis, sed desino possidere, et alium possessorem ministerio meo facio, nec idem est possidere et alieno nomine possidere, nam possidet cujus nomine possidetur; procurator alienæ possessioni præstat ministerium*. Les derniers mots du fragment nous expliquent les derniers termes de la formule *ab constitutio de procurator com en cosa propria*. De même que, par la clause de constitut possessoire, le donateur change son *dominium* et sa possessio en un

---

[1] Voir ACCARIAS, *Précis de droit romain*, § 225.

```

Text:

droit dérivé, en une détention précaire, de même, pour accumuler toutes les actions et toutes les ressources du droit sur la tête du donataire, il constitue le donataire son procureur et lui reconnaît ainsi le droit de faire tous les actes que comporte cette qualité, conformément aux *Institutes*, L. I, titre I, § 41, 42 et 43 [1]. Nous trouvons dans une autre formule de vente du *Speculum* de Durantis (L. IV, pars 3, p. 239 e) que le vendeur «concessit, transtulit emtori recipienti omnia jura et actiones reales et personales utiles et directas quas habebat vel habere poterat, *constituens* eum (emtorem) procuratorem tanquam in rem suam et ponens ipsum in locum suum ita quod amodo suo nomine actionibus utilibus et directis possit prædictorum occasione adversus quoscumque agere experiri, excipere et replicare sequi et se tueri et omnia et singula facere». Tels sont donc les droits de l'*hereu* institué et les termes qui les définissent.

Il arrive que les *capitols matrimonials*, au lieu de contenir une institution d'héritier, ne portent qu'une *promesse* d'institution en faveur d'un des enfants à naître du futur mariage. Voici la formule employée généralement dans les actes : Le *cap de casa*, père de l'époux, promet «heretar als fills ou filias del present matrimonis naixedors, aquel o aquella que millor los aparaxera y mes ben vist lor sera y en cas de morir sens haver feta la dita eleccio, volen que un parent mes propinque de cada part lo elegescan, aquel o aquella que regoneixeran mes apte per lo regiment de sos bens» [2].

Cette promesse d'institution d'héritier en faveur d'un des petits-enfants qu'est-elle au juste ? Et quelle situation est faite au futur époux ? — Tout d'abord, en ce qui touche ce dernier, elle écarte tout espoir pour lui d'être un jour le maître, l'*hereu*. Le mieux qui puisse lui arriver, c'est que son père meure de bonne heure, son fils à lui étant encore mineur : en qualité de tuteur de ce fils *institué*, il aura l'administration du patrimoine pendant la minorité de son fils. Il y a là évidemment une situation intéressante. — Quant au *cap de casa* qui s'est ainsi lié par cette promesse d'institution d'héritier en faveur de ses petits-fils, en quoi sa situation est-elle modifiée par cet engagement ? Quelles restrictions à ses droits en résultent pour lui ? En reculant ainsi jusqu'à une époque indéterminée le moment de la désignation de l'*hereu*, il se réserve la libre et exclusive administration des biens qui constituent le patrimoine familial. Personne n'est associé avec lui pour l'administration et le gouvernement de la famille. Mais évidemment l'aliénation à titre gratuit d'une partie de ces biens lui est interdite par l'esprit général du droit, et il ne peut choisir l'*hereu* en dehors du groupe déterminé par le contrat de mariage : celui des enfants à naître de la pré-

[1] § 42. Nihil autem interest utrum ipse dominus tradat alicui rem an voluntate ejus alius. — § 43. Qua ratione si cui libera universorum negotiorum administratio a domino permissa fuerit isque ex his negotiis rem vendiderit et tradiderit, facit eam accipientis.

[2] Acte de SOLDAVILLA, 2 août 1784.
```

sente union. On peut se demander envers qui exactement le *cap de casa* se trouve ainsi obligé. Quel est le sujet actif du droit dont on pourrait poursuivre contre lui la réalisation ? Il est difficile d'admettre que ce puisse être une personne qui n'existe pas : un être aussi indéterminé que l'enfant à naître ou plutôt, parmi les enfants à naître, celui que désignera la volonté jusqu'au dernier moment incertaine du *cap de casa*. Ce ne peut donc être qu'envers la future épouse et sa famille, et à la rigueur envers la personne du futur époux. La promesse d'institution d'héritier en faveur d'un petit-fils prend ainsi le caractère d'une stipulation faite par la future (et sa famille) en faveur d'un tiers qui est un des enfants à naître de son union avec le futur époux[1].

Qu'arrive-t-il lorsque la mort surprend le grand-père avant qu'il ait rempli sa promesse d'instituer un de ses petits-fils *hereu* ?

Appliquera-t-on purement et simplement les règles de la *succession ab intestat* ?

D'abord, presque toujours cette éventualité a été prévue au contrat de mariage, et le *cap de casa* a indiqué lui-même les moyens d'y pourvoir. L'instituant déclare que s'il vient à mourir avant d'avoir désigné l'héritier, cette désignation sera faite par sa femme ou reviendra de droit au conseil de famille, composé des plus proches parents. Nous trouvons, dans une sentence toute récente du *batlle* français (Affaire Jean Doyat contre Anton Jauramont), la trace d'une désignation d'*hereu* ainsi confiée à la veuve du défunt : «Com lo ultimo amo de la dita Casa Bregada mori intestat y la sua esposa *encomana lo nombrament* de hereu als tutors de sos fils, de aqui no habentse fet dita designacio de hereu... ». Pour pouvoir confier la charge d'élire l'*hereu* de la *casa* aux tuteurs de ses enfants, il faut qu'elle ait elle-même reçu par les *capitols matrimonials* cette faculté, qui ne découle pas des droits que peut lui conférer sa qualité de mère[1].

[1] Il ne faut pas perdre de vue que, dans les législations barbares et dans les coutumes du M. A., une place considérable est faite aux enfants naturels, et qu'il est de toute nécessité de défendre contre eux les enfants légitimes, qui pourraient leur être sacrifiés sans cela par la volonté du testateur. Cordier (*De l'organisation de la famille chez les Basques;* Paris, 1869, in-8°, p. 110) remarque : que dans les Fueros de Navarra, d'accord en cela avec les Fueros de Viscaya, les enfants naturels succèdent à défaut d'enfants légitimes. Dans ces deux provinces, l'usage des concubines était passé dans les mœurs. En Navarre même, la chose va plus loin : l'infanzon qui a des enfants légitimes (de parella) et des enfants naturels (de barragna) doit laisser une part déterminée à ces derniers. A défaut d'autres biens, cette part est prise sur les *arrhes* de la femme légitime (Fueros de Regno de Navarra, de Destin. I.).

Chez les Vilains, les enfants naturels (de ganança) concourent par tête avec les enfants légitimes (*Ibid.*, de Heredat, XII). [Voir aussi DURANDIS, *Speculum juris*, L. IV, pars 3ª, p. 399].

[2] BROCA Y AMELL, § 223 : *Del pacto de confianza para la eleccion de heredero;*

Très souvent, c'est le conseil de famille que le *cap de casa* charge de désigner l'héritier. Dans l'acte du 2 août 1784, que j'ai déjà cité, nous trouvons : « Prometem de heretar als fils o fillas del present matrimoni naixedors aquel o aquella que millor lo aparexera y mes ben vist los sera, y en cas de morir sens haver feta la dita eleccio volem que un *parent mes propinque* de cada part la elegescan aquel o aquella que regoneixeran mes apte per lo regimen de sos bens». Le père des petits-enfants, entre lesquels doit être choisi l'héritier, figure naturellement au premier rang parmi ce conseil de famille. Je remarque que ce même acte confère en même temps au conseil de famille les pouvoirs les plus étendus en fait d'interprétation des *capitols matrimonials* : «Si capitols matrimonials haguessen cosas ambiguas o digñas de correccio, que estas sian allanadas per parents o amichs de cada part sens estrepit de justiciá y a la declaracio de estos degan tots estar».

En l'absence de toute clause expresse des *capitols matrimonials*, le conseil de famille peut-il de droit, à défaut du *cap de casa* prévenu par la mort, faire cette désignation d'héritier? Je ne trouve pour l'affirmative aucun témoignage positif. Je ne doute pas cependant que ce ne soit là la solution en harmonie avec l'esprit général de notre droit.

On ne saurait admettre qu'un accident, comme la mort prématurée du *cap de casa*, prive tout le groupe du bienfait si grand de la désignation réfléchie de l'*hereu*, alors qu'on a sous la main le conseil de famille pour faire trancher la question, relativement simple, de savoir quel est, de tous les enfants, le plus capable de bien administrer.

Cette dernière considération est, en effet, celle dont doivent s'inspirer, pour la désignation de l'héritier, le chef de famille ou ses mandataires. Tous les actes, tous les formulaires sont unanimes sur ce point. Il s'agit de faire héritier : «d'heretar aquel o aquella que millor lor apareixera y mes ben vist los sera... aquel o aquella que regnoxeiran mes apte per lo regimen de sos bens».

On voit quelle erreur commettent ceux qui veulent voir dans l'*institution d'héritier* du droit andorran l'application d'un droit d'aînesse et d'un droit de préférence du fils sur la fille. «En Andorre, dit Cordier [1] (p. 104 et 105), les pères et mères choisiraient ordinairement de préférence pour héritier le premier-né de leurs enfants, soit mâle, soit femelle. Et, à défaut d'enfants et descendants, l'héritier ab intestat serait le premier frère ou la première sœur du défunt.» «L'excellente brochure anonyme sur l'Andorre, publiée à Toulouse en 1823, ajoute Cordier, mentionne bien le droit de primogéniture, mais le dit associé à la masculinité.»

et § 654 : *Eleccion de heredero confiada por el marido a la mujer.* Contrairement à la pratique du droit romain, en droit catalan comme en droit andorran, l'institution d'héritier peut être confiée à une tierce personne.

[1] *Organisation de la famille chez les Basques.*

Il n'existe en droit andorran ni droit de primogéniture, ni privilège de masculinité. Nous n'en trouvons nulle trace dans les actes. Ce qu'on trouve partout, c'est l'exercice de la liberté testamentaire la plus complète. Le père nomme *hereu*, pour le continuer, pour lui succéder dans la jouissance de l'usufruit et l'administration des biens de la *casa*, celui de ses enfants qu'il veut, fils ou fille, aîné ou cadet: le plus apte ou la plus apte à bien gérer le bien. Le rôle que joue la considération des qualités pratiques dans le choix de l'héritier, nous venons de le voir exprimé dans les textes. Une sentence du 25 janvier 1826 du *batlle* Armengol met le second principe de l'égalité des sexes en pleine évidence. Une mineure, assistée de ses tuteurs, demande à la justice «que sia declarada heredera dels bens de son difunt pare, conforme queda nombrada al dit testament». Le fils aîné réplique que «respecte a que es primer fill del relatat son pare no tenia lloch le heretament fet a favor de sa germana». Le *batlle* confirme le testament du père. Le droit d'aînesse et la préférence du fils sur la fille sont ici dans la même espèce également niés, tout au moins subordonnés à la liberté testamentaire du père.

C'est ici que se pose une question d'un grand intérêt juridique, au cas où il y a eu simple promesse d'institution d'héritier; que l'instituant soit mort sans avoir réalisé l'institution et que les tiers: veuve, exécuteurs testamentaires ou conseil de famille, à qui il a confié le soin de faire la désignation à sa place, ne se soient pas encore acquittés de leur tâche. Que devient la propriété du patrimoine jusqu'au moment où il y a un *hereu* désigné? Le *de cujus* ne possède plus; la succession ab intestat n'est pas ouverte pour sa famille; la volonté du père en a décidé autrement, en décrétant que le bien serait précisément la propriété d'un *hereu* à nommer. Or il n'y a pas encore d'*hereu*.

L'hérédité serait-elle *res nullius?* Heureusement pour nous, les textes ont résolu la difficulté. Une sentence du *batlle* du 5 mai 1900, que nous avons déjà citée (Affaire Doyat contre Anton Jauramont), dissipe toutes les obscurités. Doyat demande à Jauramont le fermage de certaines terres en qualité de *successor* de Francesco Travals, auquel paraissent avoir appartenu ces biens. Jauramont répond que ces biens n'ont pas appartenu à Francesco Travals, à plus forte raison à lui Doyat; que ces biens appartiennent à «*la casa* Brigada et com lo ultimo amo de dita casa mori intestat y la sua esposa encomana le nombrament de *hereu* als tutors de sos fills, de acqui no habentse fet *dita designació de hereu no ni ha amo* y per tant no pot ni podia fins avuy dia ser objeto de venda los aldits bens».

Une autre sentence du *batlle*, de 1899, nous met en présence d'une situation semblable. X... meurt laissant deux fils: l'un habite la France, l'autre est resté avec le père en Andorre, cultivant et administrant les biens de la *casa*. Le père laisse à son *marmessor* (exécuteur testamentaire) le soin de désigner l'*hereu*. Le *marmessor* différant la désignation de l'héritier, le fils, resté en Andorre, profite de sa présence sur les lieux et des facilités que lui donne son administration des biens de la *casa* pour vendre à un tiers des terres qu'il lui reprend immédiatement à titre de louage. Comme il ne paye pas régulièrement le prix de la location, l'acheteur, inquiet sur la validité de la vente, attaque le vendeur son fermier, en résiliation du contrat, sous prétexte que, n'étant pas le maître, l'*amo* de la *casa*, il n'a pas pu valablement lui vendre le bien en question. Tant qu'il n'y a pas d'*hereu* désigné, il n'y a pas de maître. Il y a, comme disaient les Romains, une *hereditas jacens*, un ensemble de droits dont le titulaire n'est pas connu, mais qui n'en subsiste pas moins dans son intégrité et son unité. Ces droits divers, pour ne pas avoir de titulaire apparent, ne se dispersent pas; ils restent groupés, unis comme avant la mort du *de cujus*, dont ils constituent l'*hereditas*. Ils sont la *casa*, la maison du défunt, de ses prédécesseurs et de ceux qui lui succéderont. Les textes diront, comme nous l'avons vu, que tous les biens composant la succession appartiennent à la *casa* une telle.

La sentence du 5 mai 1900 (Affaire Doyat-Jauramont) dit expressément, par exemple, que tous les biens que laisse le défunt, — tant qu'il n'y a pas d'*hereu* désigné, — appartiennent à la *casa Brigada*. Dans un même sens, ou un sens tout proche, un acte d'août 1783 (Soldavilla) parle d'une mère, son fils et sa bru, comme «*hereus* des Bens de la *casa* Angusti». La fiction d'après laquelle, en droit romain, l'*hereditas jacens* forme une personnalité morale continuant la personne du défunt, « sustinet vicem defuncti[1] », se trouve momentanément le sujet de tous les droits de ce dernier, est une pleine réalité.

CHAPITRE III.

A l'institution d'héritier, — véritable charte de la famille andorrane et catalane, — se rattache étroitement la pratique d'un système de substitutions (substitution simple, substitution pupillaire, substitution fidéicommissaire) qui la complètent, qui précisent la situation de l'*hereu;* qui forment une des parties, non les moins curieuses, des institutions que nous étudions.

On a présente à l'esprit la définition que donne de la substitution, Justinien dans ses *Institutes*, L. II, titres XV et XVI : «Si ille heres non erit, ille heres esto..... Liberis suis impuberibus, quos in potestate quis habet, non solum ita, ut supra diximus, substituere potest, id est ut si heredes ei

[1] Just., L. II, t. XIV, § 2 : «Servus alienus, — post domini mortem, — recte heres instituitur, quia et cum hereditariis servis est testamenti factio; nondum enim adita hereditas personæ *vicem sustinet*, non heredis futuri sed *defuncti*».

non extiterint, alius ei sit heres; sed eo amplius ut et, si herodes ei extiterint, et *adhuc impuberes mortui fuerint*, sit eis aliquis heres. Veluti si quis dicat hoc modo : si filius meus — heres mihi erit, et prius moriatur quam in suam tutelam venerit, tunc Seius heres esto. . . . . Quo casu, si extiterit heres filius et ante pubertatem decesserit, ipsi filio fit heres substitutus. Nam moribus institutum est ut cum ejus ætatis sunt, in qua ipsi sibi testamentum facere non possunt, parentes eis faciant». La substitution simple consiste à substituer un héritier à un autre, dans le cas où le premier institué viendrait à manquer, c'est-à-dire ne pourrait pas ou ne voudrait pas faire adition d'hérédité. La substitution pupillaire consiste à faire d'avance, pour l'héritier institué décédé mineur, c'est-à-dire incapable de disposer de ses biens, en son lieu et place le testament qu'il ne peut faire. «Ceux-là qui sont d'âge à ne pouvoir tester, disent fortement les *Institutes*, leurs parents, ceux qui les ont en leur *potestas*, testent pour eux» : et voilà ce qu'est la substitution pupillaire.

C'est ce que dit encore non moins fortement la loi 2 pr. D. xxviii, t. VI : «Moribus introductum est ut quis liberis impuberibus testamentum facere possit, donec masculi ad quatuordecim annos perveniant, feminæ ad duodecim; quod sic erit accipiendum, si sint in potestate». Ce même texte nous enseigne que le grand-père peut également substituer pupillairement pour ses petits-fils, à condition que ces petits-fils ne puissent pas retomber sous la *potestas* de leur père, ou qu'ils aient été institués héritiers ou exhérédés par le grand-père qui leur substitue et qu'ils lui tiennent ainsi lieu de fils[1]. Le principe est que le droit de substitution pupillaire est une dérivation de la puissance paternelle; il ne compète qu'à celui auquel cette puissance appartient; et d'autre part, dès que l'institué a la capacité de tester, il n'est plus permis au testateur de nommer de substitué.

Le passage des *Institutes* de Gaïus, § 184, L. II, est la pure application de ces principes : «Extraneo vero heredi instituto ita substituere non possumus ut, si heres extiterit et intra aliquod tempus decesserit, alius ei heres sit; sed hoc solum nobis permissum est ut *cum per fideicommissum obligemus ut hereditatem nostram totam vel pro parte restituat*». N'ayant pas la puissance paternelle sur l'*extraneus* institué, le testateur ne peut pas faire de testament pour lui, s'il est mineur, c'est-à-dire lui substituer pupillairement.

La seule façon qu'il ait d'assurer, en cas de mort en âge pupillaire de l'*extraneus* héritier, la transmission de l'héritage à la personne qui lui plaît, c'est de l'obliger par fidéicommis à restituer l'hérédité en tout ou en partie à cette personne. On a ainsi une substitution fidéicommissaire, qui

---

[1] L. 2, D. xxviii, t. VI : «Nepotibus etiam possumus [substituere] et deinceps si qui recasuri non sunt in patris potestatem. Sed si eos patres præcedant, ita demum substitui iis potest, si heredes instituti sunt, vel exhæredati».

est tout à fait dans l'esprit du droit romain. Entre les deux substitution
pupillaires : la substitution pupillaire proprement dite faite pour un héritier *sien*, sur lequel le testateur a la puissance paternelle, et cette autre
substitution pupillaire fidéicommissaire, il y a cette différence que, par la
première, le testateur, faisant le testament de son fils mineur, dispose des
biens du pupille sans exception, quels qu'ils soient, d'où qu'ils lui viennent. Dans la seconde, le fidéicommis ne peut concerner que les biens dont
l'héritier mineur a hérité du testateur. Ce dernier n'ayant pas la puissance
paternelle sur l'*heres* choisi, n'a aucun droit à disposer des biens venus à
l'héritier par une autre voie que la sienne [1].

Une autre différence, c'est que, dans le cas de substitution fidéicommis-
missaire, l'*hereu grevé* de restitution au profit d'un tiers a le bénéfice de
la *quarta trebelliana ;* tandis que dans le cas de véritable substitution
pupillaire, l'*hereu* ou ses héritiers n'ont droit à aucun émolument sur
l'héritage qu'ils doivent transmettre.

Mais il semble que de bonne heure la substitution pupillaire fidéicommissaire ait été employée pour la substitution pupillaire véritable, même
dans le cas où celle-ci semblait tout indiquée, c'est-à-dire où l'héritier était
un fils en puissance. Nous en avons la preuve dans le fr. 41, § 3 (de
Pomponius), D. xxviii, 6 : «Quod si heredem filium *pater rogaverit, si
impubes* diem suum obierit, Titio hereditatem suam restituere, legitimum
heredem filii *salva Falcidia* cogendum patris hereditatem, ut ab impubere
fideicommisso post mortem ejus dato, restituere placuit. Nec aliud servan-
dum, quum substitutionis conditio puberem ætatem verbis precariis egre-
ditur..... Nec fideicommisso propriæ facultates filii tenebuntur, et ideo,
si pater filium exheredaverit et ei nihil reliquerit, nullum fidei commis-
sum erit. Alioquin si legata vel fideicommissa filius acceperit, intra modum
eorum, — fideicommissum hereditatis a filio datum, — citra Falcidiæ
rationem debebitur» [2].

Un père institue son fils impubère héritier et ordonne que l'héritage de
ce fils mourant en âge pupillaire passera à Titius. Si ce fils vient à mourir
mineur, son héritier légitime, en raison du fidéicommis du père, devra
restituer l'héritage à Titius, en se retenant la quarte trébellienne. Le fils

---

[1] GAIUS, l. II, § 182 : «Non solum autem heredibus institutis impuberibus
liberis ita substituere possumus ut, si ante pubertatem mortui fuerint, sit is heres
quem nos voluerimus sed etiam exheredatis. Itaque eo casu si quid pupille ex here-
ditatibus legastive aut donationibus propinquorum adquisitum fuerit, id omne
ad substitutum pertinet.» *Les Basiliques,* d'autre part, formulent le principe corré-
latif : ἐπὶ δὲ τῆς Φιδεικομισσαρίας ἀποκαταστάσεως μόνα τὰ τοῦ πατρὸς, οὐ μὴν
καὶ τὰ τοῦ παιδὸς ἀποκατασθίσ〔〕αντα.

[2] CUJAS comprend, t. IV, p. 1066 (édit. de Naples), «non retentâ Falcidiâ» :
citra rationem Falcidiæ, id est non retentâ Falcidiâ, quia soli heredes habent
retentionem Falcidiæ, non legatarii vel fideicommissarii».

institué est-il pubère ? De la même façon que s'il était impubère, le père peut exiger de lui la restitution de l'hérédité à Titius.

C'est dans une voie tout analogue à la voie des substitutions du droit romain que nous venons d'indiquer, qu'en ce qui concerne la matière qui nous occupe, nous voyons s'engager la plupart des pays de droit écrit, et, parmi ceux-là, la Catalogne et l'Andorre.

En même temps que par contrat de mariage on institue un héritier, on organise tout un système de substitutions simples, substitutions pupillaires véritables, substitutions pupillaires fidéicommissaires.

Voici la formule de ces dispositions qu'on trouve fréquemment dans les actes et les formulaires, que j'emprunte aux *capitols matrimonials*, du 29 septembre 1789 (Soldavilla), d'un individu issu de parents espagnols établis à San Julia de Loria.

Après différents legs faits à ses autres enfants nés de différents lits, le testateur institue en premier lieu comme *hereu* le fils du premier lit, si ce fils «lo dia de mon obit viura y hereu meu esser voldra. Si no viura o viura, mes hereu meu non sera per que no voldra on o podra (Substitution simple);

o hereu meu sera, empero morira en pupillar edat (Substitution pupillaire);

o après, quant que quant sens fills un o molts legitims y naturals morira;

substituech y hereu meu universal fas» une autre fille.

Même disposition en ce qui concerne celle-ci : si elle meurt en âge pupillaire ou sans enfant, il lui substitue une autre fille.

Si ce second substitué ne peut ou ne veut être *hereu*, ou qu'elle meure à son tour mineure ou sans enfants, il lui substitue en troisième lieu : «Substituesch y heureu meu universal fas a qui de dret espectia»!

Voilà donc ici tout un système de substitutions simples et de substitutions pupillaires.

Dans un autre acte du 28 juin 1784 (Contrat de mariage conclu entre les familles de Cabanès d'Ordino et Novès d'Adrall), le père du futur ne fait pas de substitutions dans le cas de mort de l'*hereu* en âge pupillaire ou sans enfants; mais il se réserve d'en faire. Si l'*hereu* meurt sans enfants, mâles ou femelles, parvenus à l'âge de faire leur testament, il est dit que l'instituant pourra «fer à sas libres voluntats de totas las cosas donadas». Et si l'instituant ne vit pas, que «las ditas casas pervenguen à son hereu o successor universal o a qui altrement el dit donador haura volgut».

Et voici qu'apparaît en même temps la substitution fidéicommissaire pour le cas où l'*hereu* meurt sans enfants mâles ou femelles parvenus à l'âge de tester.

Comprenons bien : l'héritier a plus de quatorze ans : il est en état de faire un testament; l'instituant, par substitution pupillaire, ne peut donc

disposer des biens dont il l'a fait héritier. Il ne peut le faire que par substitution fidéicommissaire pour les biens que l'institué tient de lui. A plus
forte raison, ne saurait-on trouver que dans la nature du fidéicommis
l'origine du droit que s'arroge l'instituant de disposer des biens donnés
au cas où l'héritier, majeur lui-même, ne laisse pas d'enfants capables de
tester. En réalité, l'instituant semble ne se dépouiller qu'avec le plus grand
regret du droit de disposer de ses biens. Il ne lui suffit pas de pourvoir
au sort des biens qui constituent le patrimoine familial pour une génération
après lui; c'est pour deux générations, pour le plus longtemps possible,
qu'il voudrait le faire.

Les constitutions de Catalogne nous montrent un système exactement
semblable. La doctrine de la substitution pupillaire y est consignée dans
toute sa pureté et ses conséquences extrêmes. Pour qu'il y ait lieu à substitution pupillaire, il faut : 1° que l'*hereu* soit un impubère et que cet
hereu meure avant d'avoir atteint l'âge de puberté; 2° que cet impubère
soit en puissance de son père : «La substitutio fate per lo pare a fill impuber estant en potestat sua» [1]. C'est ce que la constitution, l. 2, L. VI,
titre II, appelle disposition «per paraulas directas», comme s'exprime lui
aussi le droit romain.

La conséquence de la substitution pupillaire, c'est que (l. 3, L. VI,
titre II), «apar grand iniquitat que tenint una persona germans o germanas
o altres parents de part de mare fins en quart grau, segons orde de dret
roma, y havent apres adquisits qualsevol bens *per successio de mare*,
apres, morint la tal persona ans de venir a pubertat, ab substitutio *pupillar
feta per lo pare*, los bens y heretat de la mare per virtut de *substitutio
pupillar* aguessen de anar a altres fills o parents del mateix pare y no de
la mare o altres parents de la part de la dite mare». La substitution pupillaire transfère au *substitué* tous les biens de l'héritier d'où qu'ils viennent,
qu'ils viennent de l'instituant ou de sa femme. La conséquence paraît si
monstrueuse que la loi 3 a justement pour objet de l'abolir et d'assurer
contre cette coutume immémoriale le respect de la règle «paterna paternis,
materna maternis». Les trois lois de ce titre des constitutions de Catalogne
ne font au reste que marquer les péripéties de cette lutte de la règle de
substitution pupillaire contre celle qui veut que les biens de l'individu re-
tournent à la ligne d'où ils lui viennent. La loi 2, une constitution de 1363
distingue plusieurs cas : 1° Les impubères sont morts ab intestat : la loi
prescrit alors l'application de la règle : «paterna paternis; materna mater-

[1] «Ajustants que en la substitucio que per lo pare se fa a fill impuber *estant
en potestat sua*, la paraula aposada: *torn, sie devolut, pervenga, substituesc* et sem-
blants per *paraulas directas* de tot en tot sien haudas. E sis vol per dret *delegat*
o per qualsevol altra manera — posat que no per dret de institutio de fill o de
altres infants en lo testament sià feta mentio — lo testament perço no deja esser
irritat o esser dit irrit o nulle.»

nis». Il est seulement question en plus d'une légitime de la mère : «sola legitima reservada a aquella mare o als ascendents altres de la linea maternal si sobreviuran e servadas las condicions, vincles et altres carrecs, si alguns legitimament e de dret a aquells impubers son aposats e injuncts»; 2° *Les impubères* ne meurent pas ab intestat, le père leur ayant substitué quelque autre en vertu de la *patria potestas* qu'il a sur eux. Notre constitution admet que dans ce cas la substitution pupillaire soit la loi suprême et que devant elle cèdent même les droits de la parentèle sur les biens qui viennent d'elle. La loi 3 (constitution de 1585), réformant le droit existant, n'admet la validité de la substitution qu'à la condition qu'elle respecte la règle «paterna paternis, etc.» : «Statuim que en dit cas los bens de la mare hayen de tornar als germans o germanas o altres parents fins al quart grau... Y que entre ells lo pare puga disposar per dita substitutio pupillar y no en altras personas».

La substitution pupillaire fidéicommissaire est visée, ce me semble, en ces termes assez vagues de la loi 2 : «E sis vol per *dret delegat* o per qualsevol altra manera, posat que no per dret de institucio de fills o de altres infants en lo testament sie feta mentio, lo testament perço no deja esser irritat o esser dit irrit o nulle».

En ce qui concerne la substitution fidéicommissaire, il se présente un point délicat, c'est la correcte interprétation des termes par lesquels on exprime d'ordinaire la condition de la substitution : «si el heredero fallece sin hijos o con tales que no lleguen à la edad de testar». Comme le veut Broca y Amell[1], cela signifie que l'exécution ou la non-exécution du fidéicommis dépend de la question de savoir si, quand l'institué meurt, ses fils ont atteint l'âge de tester ou non. A la mort de l'institué, en effet, les biens de la succession passent à ses fils majeurs ou non, en qualité d'héritiers légitimes, deviennent leur propriété; mais leur droit, s'ils sont mineurs à la mort de leur père, ne peut être que viager. Il y a lieu alors à la substitution; à leur mort, qu'ils soient majeurs ou non, les biens, au lieu de passer à leurs héritiers, passeront au substitué. Si la mort de l'institué survient seulement quand ses enfants ont atteint l'âge de tester, la possession de l'hérédité se trouve consolidée d'une manière définitive entre leurs mains; et la substitution s'évanouit.

La volonté de l'institué prime celle de l'instituant; c'est le testament ou l'institution de l'institué qui fait la loi des biens de l'hérédité. Meurt-il intestat? la possession de ses biens se trouve consolidée entre les mains de ses héritiers.

Tel est le droit catalan, tel est le droit de l'Andorre, en matière de substitution.

Telles sont les conditions auxquelles se trouve presque toujours sub-

---

[1] *Institutiones del derecho catalan*, p. 367.

ordonnée en fait, dans les contrats de mariage, l'institution de l'*hereu;* telles sont les limites dans lesquelles se trouve enfermé le droit de ce dernier.

Le droit de nue propriété pour l'avenir, que lui transfère la *donatio universal* dont il est l'objet de la part de l'instituant, est donc loin d'être absolu, étroitement limité qu'il est par les substitutions diverses dans lesquelles l'instituant l'enferme. Souvent il n'est que fidéicommissaire, destiné, lui et ses héritiers, à transmettre l'hérédité aux substituts que nomme l'instituant.

Le fidéicommis a cependant, la plupart du temps, ici un caractère particulier, comme l'expriment les termes dont on se sert le plus souvent pour établir les substitutions fidéicommissaires :

«Instituyo heredero a mi hijo y en caso de premorirme o de fallecer sin hijos o con tales que entonces o despues no lleguen a la edad de testar, nombro heredero a mi otro hijo B. y se éste me hubiere tambien premuerto ò falleciere sin hijos que entonces o despues no lleguen a la edad de testar, los sostituyo mi otro hijo C. Y asi sucesivamente llamo para iguales casos respectivamente à los demas hijos, pudiendo el *último de ellos disponer libremente de mis bienes*, y declaro ser mi intencion que esta clausula de mi testamento no induzca *vínculo ò fideicommiso*, pues sólo se ha hecho por mera providencia para que no caduque ninguno grado, por ser mi voluntad que cualquiera de mis dichos hijos que poseyere mis bienes y muriese con hijos nacidos o postumos legitimos y naturales los cuales o cualquiera de ellos llegara à la edad *de testar, pueda disponer libremente de mis bienes.*»

Le but de la substitution fidéicommissaire n'est pas le fidéicommis perpétuel, l'incapacité d'aliéner de tous les détenteurs successifs. Elle a pour but d'arriver à un *hereu* qui, ayant à sa mort un héritier lui-même capable de tester, assure ainsi pour deux générations au moins une bonne gestion du patrimoine et écarte de la famille pour le même laps de temps les mauvais hasards de la succession ab intestat. Dès que ces garanties d'avenir sont réalisées, l'*hereu* qui n'est, tant qu'il n'a pas de fils en âge de tester, que simple fidéicommissaire, devient l'héritier définitif et peut disposer librement des biens.

Telle est la condition exacte de l'*hereu;* donnons en terminant, pour exemple, le passage correspondant du Formulaire de Morello. Il s'agit des «Capitulaciones matrimonials de una pupila à quien por sus padres se le hace donation universal por contemplacion del matrimonio (t. I, p. 25)».

«Item que si dita Maria N. *donataria* morirà ab fills legitims y naturals mascles ò hembras, un ò molts, algun dels cuals previndrà à la edat de testar, *puga libremente disposar de totas las ditas cosas donadas.* Si empero morirà sens dits fills ò ab tals ningun dels cuals arribarà a la dita edat de testar, en dit cas tots los dits biens donats degan pervenir y tornar a ells dits donadors si viuran, y si nò viuran, a son hereu ò successor.» L'usufruit du patrimoine reste au père instituant. Sur cet usufruit, l'institué a droit de se faire entretenir, lui, sa femme et les enfants à naître. De plus, il est plus ou moins associé à l'administration du bien. Parfois, «es tractat (Moles, 15 février 1824) que ni lo donator ni donatoria y son marit podran fer acte algun de 5 sous en amont sens consentement de tots baix decret de nullitat». Puis le père instituant mort, il entre en possession du patrimoine, joint l'usufruit à la nue propriété, mais il n'est qu'héritier fidéicommissaire, car les dispositions qu'il peut prendre relativement à la succession ne sont valables que du jour où il meurt laissant un fils en âge de tester.

Jusqu'à ce moment, le bien est pris dans les liens de la substitution fidéicommissaire «en vincles».

C'est ainsi et sous ces conditions qu'est assuré par «l'institucio d'hereu» le sort futur du patrimoine et la continuation dans l'avenir de la personne du *cap de casa*.

CHAPITRE IV.

Mais il y a dans la famille d'autres enfants que celui qui se trouve désigné pour être le futur *cap de casa*. A ces enfants il faut faire un sort; il faut doter les filles; il faut aider à s'établir les garçons. D'où une série de règles qu'il nous faut maintenant étudier.

La première règle, c'est que, comme nous l'avons vu, en instituant l'*hereu*, le père ne se dépouille jamais entièrement. Sur l'ensemble de ses biens il se réserve toujours une somme plus ou mois importante pour en disposer, comme il entend, et surtout pour doter ses fils et filles autres que l'*hereu*.

Dans un acte de 1787 (Soldavilla), X., instituant par contrat de mariage un de ses fils *hereu*, se réserve la libre disposition d'une somme de 100 livres Barcel* et stipule au contrat que s'il meurt avant d'avoir testé «vol que aquesta sià dividida per collocar los demes fills y fillas seus, assignant major quantitat a dita sa filla, si lo partit ho mereix a coneguda dels parents proximiores de una y altra part».

D'autre fois, sans indication précise de quantité, le *cap de casa* se réserve (acte du 23 juillet 1783, Soldavilla) d'une manière générale de pouvoir, sur le bien de la case, doter les autres enfants «de tel manera que sian collocats y dotats segons les forsas y possibilitats de sos bens».

Cette clause, dans le Formulaire de Morello (t. II, p. 25), se présente sous la forme suivante : «Item se retenen y reservan la facultat de collocar y dotar tots los demes fills y fillas que actualment tenen y lo dia de son obit nats ò postumos deixaran segons las forsos y possibilitats de sos bens; y no menos la de assenyarlarlos los cuantitats que reputen convenients, per sos aliments, fins que tingan collocaciò. Item tambè se reservan sobre dits bens donats la cuantitat de t. libras moneda Barcelonesa en diner metalich y efectiu de or, ò plata, pera testar y disposarne a sas libres voluntats, y no disposantne en tot ò en part volen que la cuantitat no disposada vinga compresa en lo present heretament. »

Cette obligation du père de pourvoir à l'établissement des enfants autres que l'*hereu* passe à ce dernier, quand le père vient à disparaître prématurément. C'est à l'*hereu* qu'il appartient, comme continuateur de la personne du père, de doter ses sœurs et d'établir ses frères. Les actes sont très nombreux qui nous le montrent s'acquittant de ces devoirs de chef de famille en lieu et place du père. Par exemple, dans un acte du 2 août 1784 (Soldavilla), un frère *hereu* dote sa sœur en lui donnant en mariage «per totas parts heretat y legitimas suas paterna y materna y suplent de aquels, part de creix à la referida sa madre fet a favor de l'esposa y demes germans estipulat y per qualsevols legats y deixas a ella dita esposa per lo referit difunt padre fets y fetas ab son ultim testament» «un tros de casa, un hort» qui lui appartiennent comme «donatori universal de sa madre». Je note que légataire d'un oncle pour 50 livres, la future épouse dotée en a déjà donné 25 à son frère l'*hereu*, en «remuneracio dels beneficiis que de ell, ella te experimentat».

Dans un autre acte du 13 février 1824 (Moles), c'est la fille *hereva* du père qui, la mère vivant encore, «de sa liberalidad dona a la citada germana sua 150 livres Barc' per totas a sabeir parts de heretat y legitimas suas paterna y materna per tots y qualsevols altres bens y drets a elles tocant ara y en lo esvenidor en la heretat y bens dels dits sos padres».

Hereu ou *hereva*, c'est en qualité de *cap de casa* que le successeur à titre universel du chef de famille défunt doit pourvoir à l'établissement de ses sœurs et frères, leur doit une *dot* leur permettant de s'établir. C'est le patrimoine familial qui doit fournir aux nécessités de tous les membres de la famille, chacun selon son rôle. On remarquera que tous les autres enfants, garçons ou filles, sont tous, vis-à-vis de l'*hereu* successeur du défunt à titre universel, dans une même situation, et doivent tous, filles et garçons, recevoir, pour leur établissement au dehors, le même secours, c'est-à-dire toucher la même dot.

Pour plus de clarté et pour moins dérouter le lecteur, nous étudierons toutefois d'abord la dot de la femme, puis les avantages faits au fils qui n'est pas *hereu*.

La plupart du temps, la dot de la fille consiste en une somme d'argent dont le *cap de casa* ou l'*hereu* fait donation à la future en ces termes à peu près toujours les mêmes que j'emprunte au Formulaire de Morello, t. II. p. 11. *Donacion otorgada a la hija por contemplacion del matrimonio :* «lo precitat senyor D. pare de la dita senyoria doña Cecilia N., per lo amor

aportat à la dita sa filla : pér contemplació del present matrimonii... de sa
libre voluntad, per donació pura, perfeta, simple è irrevocable nomenada
entre vius, dona y concedeix à la referida senyoria C. N. sa filla y present y acceptant, y a qui ella voldrà perpetuament *t. lliuras* moneda Barcelonesa en diner metalich y efectiu de or ò plata y non en vales reales, ni
altre paper amonedad, etc.... tot lo que promet pagarli y entregarli en
lo dia present, sens delació ni escusa alguna ab restitucio y esmena de tots
danys y gastos, baix obligació de tots sos bens, mobles e inmobles haguts
y per haber, drets y accions... Y promet y jura a nostre senyor Deu que la
present donació y totas las cosas en ella contengudas tendra sempre per
fermas y agradables y contra ellas no vindrà ni las revocarà per rahó de
ingratitud, probesa, necessitat ó ofensa, ni per altre causa ò rahò. Renon-
ciant à la lley tal revocació permetent y a las demes de son favor. Y la
dita senyora Cecilia donataria, accepta la precedent donació, ab lo pacte
sobre dit, al cual espresament consent».

Puis, par clause séparée, la fille bénéficiaire de la donation l'apporte
en dot à la maison de son futur :

«*Constitucion dotal :* item la enunciada senyora doña C. de sa libre voluntat
constitueix en dot als predits senyors D. Francisco N. y D. Alyandro N.
esvenidors sogre y marit seus, las ditas t. lliuras moneda Barcelonesa, etc.
per lo dit señor son pare à ella donadas». Le mari et les parents du mari
recevant cette dot, en donnent quittance et le plus souvent, pour en répondre, engagent tous leurs biens.

Quel est le caractère de cette constitution de dot par le père ou l'*hereu ?*
Est-ce donation irrévocable, abandon définitif par le donateur de tous
droits sur les biens donnés ?

Comme lorsqu'il s'agit de l'institution de l'*hereu,* cet abandon définitif par
le donateur de tous droits sur les biens qui composent la dot est subordonné à une condition. Il faut que la donataire meure en laissant des
enfants en âge de tester. Sinon, la donation, après la mort du dernier
enfant de la donataire, reviendra à la personne qu'aura désignée le donateur.

Voici comment s'exprime le Formulaire de Morello :

«La cual donació fa con millor en dret tinga lloch, ab pacte que si la
dita senyora Doña Cecilia donataria morirà ab fills legitims y naturals, mascles ó hembras, un ò molts, algun dels cuals pervindrà à la edat de fer testament, *puga de totas las ditas cosas donadas, librement disposar :* si emperò
morirà sens dits fills ò ab tals *ningu dels cuals arribarà* a la dita edat de
fer testament, puga *solament* disposar de X° lliuras; y las restants lliuras,
calaxeras, robas, etc..., que à las horas existiràn degan pervenir y tornar
al espresat senyor donador si à las horas viurà, y si no *viura à son hereu ò
successor*».

Dans un acte du 23 juillet 1784 (Soldavilla), le père constitue à son.

fils, qui épouse une pubilla, une dot de 150 livres. Si le futur que l'on dote ainsi vient à mourir sans enfants en âge de tester, il est dit que 120 livres feront retour au donateur ou à son *hereu*, et 30 sont définitivement acquises au donataire pour en disposer comme il entendra.

Tout comme l'*hérédité* dans certains cas, la dot apparaît donc comme une sorte de fidéicommis confié à la femme, qui ne devient sien que sous la condition qu'elle laissera à sa mort, comme l'*hereu*, des enfants en âge de tester.

Il est si vrai que cette dot a la nature d'un fidéicommis qu'elle donne lieu, en faveur du fidéicommissaire, à la perception d'une sorte de quarte trébellienne. Partout, en effet, où, faute d'existence d'enfants en âge de tester à la mort de la mère, la dot fait retour au donateur, on trouve qu'une certaine somme reste, sur cette dot, définitivement acquise à la succession de la mère. L'acte que nous venons de citer porte que sur une dot de 130 livres, une somme de 30 livres sera ainsi acquise de toute façon à la mère. Dans presque tous les actes de constitution de dot, on trouve une mention semblable.

Comment la dot peut-elle être un fidéicommis? Il faudrait, pour répondre à la question, être bien fixé préalablement sur la nature de la dot.

Tous les actes sont unanimes à représenter la dot comme donnée à la fille «per totas a sabeir parts de heretat y legitimas suas paterna y materna per tots y qualsevols altres bens y drets a elles tocant ara y en lo esveuidor en la heretat y bens dels dits sos padres» (acte de Moles, 13 février 1814).

Un autre acte, du 23 juillet 1784 (Soldavilla) développe : «totas las citadas cosas donadas tornen a ells dits donadors y sino viuran à son hereu ò successor universal, exceptadas 25 livres Barc° de lasquals la dita donataria en dit cas per tots sos drets de *legitima paterna y materna, part de creix* et altres qualsevols, puga disposar à sos libres voluntats» (cf. encore acte du 28 juin 1784; mêmes formules).

D'après ces textes, la dot représenterait donc expressément la légitime de la fille sur les biens propres du père et de la mère et la portion qui lui revient sur le *creix* ou augment de dot de celui des deux époux auquel on l'a constitué.

Il semblerait, dès lors, que la dot dût être une valeur à liquider rigoureusement, dont la fixation est, par nature, soustraite à toute appréciation arbitraire du *cap de casa* ou de l'*hereu*.

En réalité il n'en est rien. Dans beaucoup d'actes (Soldavilla, 23 juillet 1783), le *cap de casa*, en instituant l'*hereu*, se réserve le droit de doter les autres enfants de «tal manera que sian collocats y dotats *segons les forsas y possibilitats de sos bens*». Dans d'autres, on prend en considération, pour établir l'importance de la dot, les avantages de l'union projetée. Dans un acte de 1787 (Soldavilla), le père se réservant 100 livres pour doter ses autres enfants veut, au cas où il mourrait avant d'avoir testé, que « aquesta sia dividida per collocar los demes fills y fillas seus assignant *major quantitat* a dita sa filla, si lo partit ho mereix à coneguda dels parents proximiores ». La dot varie avec les exigences de la famille du futur conjoint, leur situation sociale.

Une sentence du *batlle* toute récente (du 5 mai 1900) met ce principe en pleine lumière : affaire G. et F. Rocca, mineurs assistés de leurs tuteurs, contre F. Casal, leur oncle. F. Casal a épousé la tante des enfants, la sœur de leur mère, et cette tante semble avoir été la *pobilla* de la casa. Les tuteurs des enfants réclament à Casal « la quantitat que fou consignada a sa mujer que representan en concepte de adot y dels drets de llegitima paterna y materna per non haber sigut encar satisfet. Casal no accepta cantitat determinada sino que promet sols pagarli lo que li expectia y lo que designan los parents de conformitat ab lo stipulat en los capitals » qui furent faits « per raho de son matrimonii ab Maria », la sœur de la mère des enfants. Un des considérants de la sentence est celui-ci : que « no estant determinada la cuantitat del adot y dels drets de llegitima per aquells que en tot cas tenian dret a fixarla y *acceptada per aquel que debia receberla*, non pot servir de tipo una altra cuantitat donada per lo mateix concepto a una altra persona encaraque *a la mateixa* se trovia en identicas condicionce, jaqué la mateixa per ser deguda a la liberalitad de una part o al desprendiment de la altra per lo que ne pot tenerse en concepte mes que con a precedent ». Les tuteurs des enfants sont déboutés de leur demande, renvoyés à s'en tenir aux *capitols matrimonials*, sauf à eux, du reste, à « entablar lo judici universal testamentaria ».

Presque toujours la dot consiste en une somme d'argent, plutôt minime, qui varie avec les ressources et les « possibilitats » de la casa, les avantages de l'union projetée, les convenances particulières pour chaque enfant doté [1].

Presque toujours l'acceptation de la dot par la fille se trouve suivie d'une renonciation de sa part à tous droits ultérieurs sur la succession de ses père et mère.

Dans un acte du 28 juin 1784 (Soldavilla), l'*hereu* constitue à sa sœur une dot de 300 livres Barc⁰ « per todas es à saber parts de heretat y legitimas paterna y materna y suplement de aquellas, part de creix à referida sa mare fet à favor de la dita germana sua y altres germans stipulats y per tots y qualsevols drets y accions a ella tocant ara y en lo evenidor en la heretat y bens dels dits sos pares ». La sœur accepte la « dita donacio a ella per lo dit son germa sobre feta ab los pactes als quels expressamment consent », et, moyennant cette dot, elle *renonce « à aquels (drets) a favor*

---

[1] On trouve des dots de 15 livres, 150 livres, 300 livres. Je n'ai pas remarqué de dot supérieure à 300 livres.

del repetir son german, exceptat dret de viude y succession ab testament y o intestat esdevenidor». La dot représente pour elle la «legitima paterna y materna», ainsi que sa part de creix. Cette renonciation à tous droits sur la succession future de ses père et mère est toujours corroborée par serment. On sait que ces renonciations accompagnées de serment sont admises par le droit canonique.

Il peut même arriver que le père, instituant héritier un de ses fils, désintéresse tous les autres de sa succession, moyennant le don à chacun d'une somme de 5 sous. Dans un testament de 1897, retenu par Villar, notaire à San Julia (n° 5), un père institue pour *hereu* un de ses fils et «deixo y lego à mas estimats fillas 5 sos à cada una», ajoutant : «prohibeixo la formacio y prevencio del judici de testamenteria aixis voluntari com necessari vulguent que totas las operacions a que donga lloch la succession de mos bens se pratican extrajudicialment per mon marmessor y hereu». On peut répugner à voir dans le legs de ces 5 sous, «en l'état actuel de la coutume», une *légitime* [1]. Si l'on admet que ce legs à chacun des enfants autres que l'*hereu* suffit à rendre le testament valable, il sera difficile, cependant, de ne pas le faire.

Il ne faut pas oublier, d'autre part, que cet usage n'est pas propre à l'Andorre. M. Viollet nous apprend (p. 748 de son *Histoire du droit*) que sur plusieurs points (Montpellier, Toulouse, Limoges) un usage plus favorable au droit de tester que le droit romain impérial a prévalu en pays de droit écrit. La jurisprudence et la coutume admirent, en effet, qu'un père peut prévenir toute réclamation de tel ou tel de ses enfants, en lui laissant une somme insignifiante, 5 sous, suivant la coutume de Toulouse (S 123, édit. Tardif).

En plusieurs endroits du Commentaire de la *Coutume* du Nivernais de Guy Coquille, nous trouvons trace des mêmes idées. «La dot de la fille dotée, dit-il (t. II, p. 271), est sa légitime, et la loi de pays a mis *à l'arbitrage*

---

[1] D'après M. Brutails, ce legs de 5 sous ne saurait être assimilé à une légitime. «La seule trace, m'écrit-il, qui subsiste de cet usage, c'est que, dans quelques cas, *lorsque le père a déjà doté ses enfants*, il insère dans son testament, par surcroît de précaution, une clause par laquelle il lègue aux enfants autres que l'*hereu* une somme de 5 sous.» M. Brutails ajoute dans une autre lettre : «Les enfants, — peut-être faudrait-il employer un autre terme, mais je répète ce qui m'a été dit, — les enfants doivent *tous* être nommés dans le testament. Pour avoir une occasion de les nommer, on leur lègue une somme quelconque, assez souvent 10 réaux ou 5 sous.» — Claude Serres, en ses *Institutions du droit français* (2e édit. 1777), parle de «l'institution des légitimaires en la somme de cinq sols» (p. 206), et nous dit que «quelque modique que soit l'effet ou la somme pour lesquels ceux qui ont droit de légitime auront été institués héritiers, le vice de la prétérition ne pourra être opposé contre le testament, encore que le testateur eût disposé de ses biens en faveur d'un étranger».

du père cette légitime... (p. 208). La dot ou donation provenue du père envers son enfant tient lieu à l'enfant de sa portion légitime. Donc, si la fille, par prévention et du vivant de son père, a eu sa portion héréditaire, qui est sa légitime, l'enfant d'elle doit s'en contenter. La validité de la renonciation de la fille à tous autres droits sur la succession du père ne dépend pas du serment que la fille aurait prêté faisant ladite renonciation».

En droit catalan [1], la dot est réputée avancement d'hoirie ou, pour mieux dire, délivrance anticipée de légitime; elle exclut donc la *querela inofficiosi testamenti.* Mais, d'autre part, à la promesse de la dot et à sa délivrance, se trouve constamment jointe, nous l'avons vu, de la part de la fille dotée, renonciation à tout supplément de légitime; la donataire se déclare satisfaite «de todo lo que pueda corresponderle de los bienes paternos y maternos *renunciando à nada más pedir*» [2]. Cette renonciation peut même s'étendre, de la part de la fille mariée, à la légitime entière quand elle est accompagnée, conformément au droit canonique, du serment de la renonçante, et qu'il n'est fait aucune violence à cette dernière.

Il peut ne pas être inutile de rappeler qu'il existe encore, même quand il ne s'agit pas de dot à constituer, d'autres moyens de réduire la légitime bien au-dessous de sa valeur normale. Il suffit que le père laisse à ses enfants majeurs un legs quelconque, et que ceux-ci l'acceptent sans protestation, pour qu'ils ne puissent postérieurement rien demander de plus [3].

On voit, par tous ces faits, qu'il y a une véritable lutte entre le droit du légitimaire et la liberté de tester absolue du père de famille. Suivant les temps et les lieux, ce dernier principe l'emporte plus ou moins sur le principe contraire.

En dépit des textes formels fixant à un quart de la succession la part réservée aux *légitimaires,* c'est la volonté du père de famille, encore plus que la loi, qui décide du sort de la succession et de son partage entre ses enfants. Son autorité morale lui donne toujours les moyens de faire prévaloir sa volonté.

On ne s'étonnera pas, après cela, que la dot, comme la succession universelle de l'*hereu,* soit une sorte de fidéicommis, dont la fille dotée n'a la libre disposition que sous la condition, qu'il plaît au père de lui imposer, qu'elle laisse à sa mort des enfants en âge de tester.

Nous avons déjà cité quelques textes dans ce sens; qu'il nous soit permis d'ajouter ceux-ci :

D'abord la formule de toutes les constitutions de dot : «la cual donació fa com millor en dret tinga lloch, ab pacte que si la dita senyora C. dona-

---

[1] Amell y Broca, t. I, p. 352.

[2] Idem, t. II, p. 252.

[3] Idem, t. II, p. 439, § 749, *Efectos de la aceptación de un legado en pago de legitima.*

taria morirà, ab fills llegitims y naturals mascles o fembras, un o molts algun dels cuals pervindrà à la edat de fer testament, puga de totas las ditas cosas donadas librement disposar; si emperò morirà sens dits fills ò ab tals, ningu dels cuals arribarà à la dita edat de fer testament, solament puga disposar *de t. lliuras;* y les restants *t.* lliuras degan pervenir y tornar al espresat senyor donador si à las horas viura, y si nò viura, à son hereu ò sucessor». Dans un acte du 28 juin 1784 (Soldavilla), des 300 livres qui constituent la dot, 25 seulement sont réservées à l'épouse dotée, pour en disposer comme elle entendra, au cas où elle mourrait sans enfant en âge de tester. Mêmes dispositions dans un acte du 23 juillet : «las cosas donadas tornen a els dits donadors ò a son hereu ò succesor universal; exceptadas 25 livres Barcᵉ de lasquals la dita donataria en dit cas por tots ses drets de legitima paterna y materna, part de creix et altres qualsevols puga disposar completment sobre los bens dels dits donadors». Dans un acte du 2 août 1784, la dot consiste dans «un tros de casa y un hort», une portion de maison et un jardin. La femme mourant sans enfants en âge de tester ne garde, pour en disposer comme elle entendra, que «25 livres solament per los sos drets de legitima paterna y materna, part de creix», qui iront à ses héritiers *ab intestat* ou testamentaires.

Dans tous ces actes, nous voyons donc la plus grosse part de la dot n'être, entre les mains de la fille dotée qui meurt sans enfant en âge de tester, qu'un fidéicommis, tout comme la *casa*, le patrimoine familial, entre les mains de l'*hereu.*

Comment faut-il envisager cette portion qu'on lui laisse en toute propriété? Faut-il y voir, prenant à la lettre les textes, la «legitima paterna y materna et part de creix» ou d'augment de dot constitué par le futur époux à sa femme ou future femme? Nous avons vu que la dot ne représente, la plupart du temps, qu'une partie de cette légitime, puisqu'elle s'accompagne, le plus souvent, d'une renonciation à toute légitime ou à tout supplément de légitime. Faut-il y voir tout au moins la part qui revient rigoureusement à la fille sur le *creix de dot* de sa mère? Guy Coquille a répondu d'avance, et sa réponse vaut pour le *creix* catalan et andorran (t. II, p. 210): «Quand la fille est appanée et dotée par son père, je crois qu'elle ne saurait, outre sa dot, demander le douaire de sa mère. En effet le douaire, encore qu'il soit introduit par la coutume, toutefois il vient *originairement de la volonté et promesse du père,* il peut ne pas être; il faut dire que, quand il est, c'est par la volonté du mari, père de ses enfants; et *étant bienfait de père, il doit être compté en la légitime.* Or la dot tient lieu de légitime et est comptée à la fille pour remplir la légitime».

Nous y verrions volontiers une sorte de quarte trébellienne, la récompense du fidéicommis par lequel la femme dotée, mourant sans enfant en âge de tester, transmet à l'héritier du constituant, ou à celui qu'il désigne, la plus grosse part de la dot dont elle a joui.

Mais cette quarte trébellienne est aussi une falcidie. Nous nous trouvons ici en présence de la confusion, commune au moyen âge, de la légitime, de la falcidie et de la quarte trébellienne. «La légitime, dit M. Viollet, s'est appelée souvent la falcidie et s'est confondue avec elle. La légitime, en effet, est du quart de l'hérédité; elle existe en faveur des héritiers naturels. La falcidie, ou le droit de retenir un quart de l'hérédité ou du fidéicommis, fut établie au profit de l'*heres* d'abord, puis du fidéicommissaire. Ce que l'héritier naturel retenait à ce titre, il pouvait le retenir à titre d'*heres* institué ou de fidéicommissaire. Légitime et falcidie arrivaient donc à se confondre, tout au moins à faire des concepts tout voisins.» La fille dotée, mourant sans enfant en âge de tester, retient une certaine quantité sur la dot qui lui a été confiée par le *cap de casa* ou l'*heres* au moment de son mariage, à la fois en qualité de légitimaire et de fidéicommissaire. Mais c'est la volonté de celui qui constitue la dot qui décide de l'importance de cette quantité de biens qu'on peut indistinctement qualifier légitime, falcidie ou quarte trébellienne. On ne voit pas que cette part laissée à la femme soit une quote-part du montant de la dot. Sur une même dot de 300 livres, c'est tantôt 30 livres [1], tantôt 20 livres [2] qui restent définitivement à la femme dotée.

Un autre caractère de cette légitime que représente la dot, c'est qu'elle ne constitue pas un droit *réel* du légitimaire, mais plutôt un simple droit de créance. Le maître «amo», celui que la volonté du testateur ou les dispositions du contrat de mariage ont fait *heres* ou *cap de casa*, n'a pas proprement un droit de propriété direct, un *jus in re*, sur chaque parcelle de bien formant l'héritage; il semble ne pouvoir disposer de chacun de ces biens pris à part, sous certaines conditions, qu'en qualité d'administrateur de la *casa*, en vertu d'un droit plutôt personnel qui ne lui confère guère que l'usufruit. A plus forte raison, la légitime des enfants autres que l'*heres* pourrait-elle difficilement être un droit réel, un droit de propriété direct sur une quote-part des biens constituant le patrimoine familial.

Les constitutions de Catalogne formulent nettement le principe (l. VI, titre V, loi 2 : carte de Montso de 1585, § 94) que «estiga en optio del heres pagar la (legitima) *ab diners*, estimada la valor dels bens dels defunt, o ab proprietat immoble y quant sobre la proprietat ques consignara hi hagues discordia, sie a arbitre del jutge». Et de nos jours encore (1876), Amell y Broca (t. II, p. 438), à l'occasion d'un arrêt du Tribunal suprême, nous apprend que «la généralité des avocats de Catalogne sont d'avis que le légitimaire est simple créancier des biens de la succession, et qu'il ne saurait conséquemment réclamer la qualité d'héritier, dont il serait investi, si la légitime devait se laisser par voie d'institution». Ce droit de créance des

---

[1] Acte du 23 juillet 1784. Soldavilla.
[2] Acte du 11 juillet 1784.

légitimaires se rapprocherait de la quarte Antonine, la quarte à laquelle a droit sur les biens de l'adrogeant l'adrogé émancipé sans raison ou exhérédé [1].

Au reste, en droit. romain jusqu'à Justinien, la légitime des enfants a été envisagée maintes fois plutôt comme un droit de créance. La pratique s'est établie de bonne heure que l'ascendant donateur ordonnait que la valeur des biens, donnés par lui par donation *inter vivos*, s'imputât sur la quarte légitimaire et que la quarta «arbitratu viri boni repleretur *pecunia...*», que la quarte fût donc complétée en argent : l. 4, C. Th. II, 19 [1].

Une loi de 528 (loi 30, C. J. III, 28) transforme en règle légale ce qui n'avait été jusqu'alors qu'une faculté subordonnée à la volonté expresse du père donateur. Justinien dispose que si le légitimaire *querelans* a reçu une part de sa légitime : «quod minus portione legitima sibi relictum est», il ne pourra pas intenter la « querela inofficiosi testamenti », mais simplement exiger en argent le complément de cette légitime [3]. M. Accarias, après avoir constaté (t. I, § 355) que, si le légitimaire a reçu la moindre chose, il a simplement le droit d'exiger le complément de sa quarte, et cela par une action *purement personnelle*, la *condictio ex lege* (lex. unic. D. XIII, 2), ajoute avec raison «qu'il est traité non pas comme héritier, mais comme créancier de la succession et qu'on peut se demander s'il est admis à exiger une portion des biens en nature». La législation des Novelles réforme fondamentalement cette conception du droit du légitimaire [4], mais c'est la

---

[1] *Institutes*, I, xi, § 3 : «pater adoptivus jubetur quartam partem ei bonorum suorum relinquere». Mais la loi 2, § 1, D. X, 2, dit expressément que cet *adrogatus* n'est ni «heres ni possessor bonorum». «Si quarta ad aliquem ex constitutione Pii Divi arrogatum deferatur, quia hic neque heres neque bonorum possessor fit, utile erit familiæ arcessendæ judicium necessarium». Ce n'est ni en qualité d'héritier ni de «bonorum possessor» qu'il a droit au quart de la succession de l'adrogeant et qu'il peut même intenter une action en partage *utile*, c'est plutôt un droit de créance auquel est délégué un quart de la succession ; l. 8 § 15, D. V., 2 «puto aut non admittendum ad inofficiosum, aut si admittatur, etiamsi non obtinuerit, quartam ei, *quasi æs alienum*, concedendam.

[2] Imp. Constantin A. et Julianus Olybrio. — «Cum scribit moriens ut *arbitratu boni viri*, si quid minus filiis sit relictum quam modus quartæ, quæ per successionem bonis tantum liberis debetur, efflagitat, *id ipsum ab herede eisdem in pecuniâ compleatur*, manifestum est nullam jam prorsus nec super testamento nec super donationibus querelam remanere, præsertim cum universam eadem repellat et reprimat, quæ ad pecuniam redigit, justa taxatio. (Année 361.)

[3] «Liceat his personis quae testamentum quasi inofficiosum vel alio modo subvertendum queri poterant, id quod minus portione legitima sibi relictum est, ad implendam eam sine ullo gravamine vel mora exigere.» Et cela doit être, que le testateur l'ait expressément ordonné ou non, «sive adjiciatur in testamento de implenda legitima portione sive non, firmum quidem sit testamentum».

[4] Il ne suffit pas, dit M. Accarias résumant cette législation, (§ 359), que

législation antérieure du C. Th. et du C. J. qui semble avoir inspiré les
législations médiévales.

Nous dirons, pour clore nos remarques sur la dot de la fille, qu'on la
trouve dans le passé désignée sous le nom de *axovar*, *exovar*. Dans un acte
de 1470 [1], où figurent des personnes habitant la Massane, le père de
l'épouse lui donne de *exovar ó dot* 15 livres qui viennent s'ajouter à 6 sols
que la mère de l'époux donne à titre de creix de dot à sa future belle-fille
«e la demijora a l'esposa sa nora 6 livres». «Entre tot son 21 livres de dot,
loqual *dot o exovar* li prometo de asegurar sobre la mitat del prat appelat
lo prat de la Cort.»

Dans le mot *exovar*, *exovarium*, qu'on trouve aussi sous la forme *axovar*,
la plupart des auteurs veulent reconnaître la racine *adjuvare*, aider, ce qu'on
donne à titre d'aide, de secours. Ne pourrait-on pas tout aussi bien rapporter le mot à la racine *exire*?

Quoi qu'il en soit, l'*exovarium*, c'est ce qu'emporte celui qui s'en va, le
viatique qui suit la fille ou le fils qui quitte la maison paternelle. Et cela
explique que le mot s'emploie également pour désigner ce qu'on donne à
la fille et ce qu'on donne au fils [2]. Cela explique aussi que le *mot* ait été
finalement réservé pour désigner la dot du fils qui, n'étant pas *hereu*,
quitte la maison paternelle pour s'établir dans la maison étrangère d'une
pobilla, héritière de la *casa* de son père. C'est l'habitude que la fille quitte
le foyer domestique, le fils non *hereu* a plus rarement la chance de découvrir une *heresa*; on comprend que, pour désigner les avantages que fait
exceptionnellement le père au fils qui s'en va, on ait eu recours à un terme
d'une physionomie aussi spéciale que le mot *exovarium*, *exovar*.

Juridiquement, entre l'*exovar* de l'homme et la dot de la femme il n'y a
aucune différence. Les droits du fils doté sont ceux de la fille sur sa dot.
Dans un acte du 1er juin 1784 (Soldavilla), nous voyons le futur époux
d'une *pobilla* apporter dans la maison de sa femme un *exovar* de 393 livres :
« las aporta y constituix en *dot y axovar* de lesquals lui ferem carta dotal y
de sponsalici com tot es mes largament a veurer dels capitals matrimonials»;
et la femme *pobilla* ajoute sur ces 393 livres en avoir reçu de son mari par

la légitime soit laissée à l'enfant ou à l'ascendant par une disposition de dernière
volonté quelconque, il faut qu'elle lui appartienne à titre d'*institué*, et il en résulte
que l'action en complément de la légitime se transforme nécessairement. Si, en
effet, l'enfant n'a pas été institué pour toute la quotité à laquelle il a droit, ce
n'est plus par voie d'action personnelle qu'il réclamera la différence, ce sera par
une *véritable pétition d'hérédité*, puisque Justinien veut qu'il ait cette quotité à
titre d'héritier (Nov. 18 et 115, c. 3 § 14 et c. 4 § 8).

[1] Dans un vieux registre de notaire, conservé chez Picard, notaire à Encamp.

[2] Dans les Costumbres de Tortosa, le mot *exovar* s'emploie couramment pour
désigner la *dot* de la fille : V. Rubrica III, S 1, 2, 3; Rubrica IV, V.

M. G. PLATON.   3

.testament 18. Ces 18 livres, dont le mari dispose ainsi définitivement e faveur de la *pobilla*, sa femme, représentent évidemment la portion de l dot du mari qui, au cas où il viendrait à mourir sans enfant en âge d tester, lui reste définitivement acquise.

Les garanties dont jouit la dot, sont les mêmes toujours, qu'il s'agiss de la dot de la fille ou de celle du fils. Elle est garantie par une hypo thèque sur les biens de la famille qui la reçoit : famille du mari dans le ca de dot de la fille ; famille de la future dans le cas où il s'agit d'*exovar* d mari.

Voici en quels termes se trouve exprimée cette hypothèque de la fil dotée, en garantie de sa dot, sur les biens du mari (formulaire Morello t. II, p. 49) : «N... de sa libre voluntat firma carta dotal y de spoli a la sobs dita E., sa venidora muller de las expressadas mil livras que en lo anteced dent capitol li ha en dot sua constituit. Las cuals li assegura sobre tots se bens *mobles, e inmobles* presents y venidors, prometent restituir las en dine comptant, metalich y efectin de or, plata, y no en vales reals, ni altr paper amonedat, en tot cas que tinga lloch la restitucio de dot, sens dilaci ni escusa alguna ab restitucio y esmena de tots danys y gastos, baix obli gacio de tots sos bens mobles e inmobles, presents y venidors, drets accions». On trouve cette même formule dans les actes.

C'est celle qu'on emploie également lorsqu'il s'agit de l'*exovar* d mari.

Dans un acte du 1er juin 1784 (Soldavilla), X..., pobilla, reconnat avoir reçu de son mari 393 livres Barcᵉ, à titre d'*exovar* que son mari lu apporta « las aporta y constituti on dot y axovar seu de lasquals lui feren carta dotal y de sponsalici com tot es mes largament venrer dels capitol matrimonials». — Termes identiques dans un acte du 22 décembre 178 (Soldavilla) : «Nos constituh y aporta en dot y axovar 230 livres Bᵉ d lasquals ab los calendats capitols luy formaren carta dotal y de axovar».

Un acte du vieux registre de notaire d'Encamp (chez Picard), que nou avons cité, nous montre ces pratiques en vigueur dès le xvᵉ siècle : «Dom Mariam filiam in uxorem legitimam vobis et in hoc tempore nuptiarun *heredo* dictam filiam Mariam de omnibus bonis meis quæ habeo vel haber debeo in manso d'Angordany — *excepto exovario quod ego habeo in dict manso retenendo*». En entrant dans la maison de la *pobilla*, sa femme, et es y apportant son *exovar*, le mari prend hypothèque sur les biens de s femme : «excepto exovario quod ego habeo in dicto manso d'Angordan retenendo», et en même temps semble étroitement associé à l'administra tion de ce bien : «tamen me dominum volentem de tota vita nostra [rema nere] in dicto manso et bonis ejusdem, quod ego, *vos nec unus sine al non possit* vendere, alienare nec eum transportare aliquid de dict manso».

Il nous faut maintenant parler d'une institution qui peut être regardée comme le pendant de la dot et de l'*exovar* : une contredonation faite par la famille de l'époux qui reçoit la dot au conjoint qui l'apporte; qu'on appelle généralement *creix de dot* ou *augment de dot*, institution dans laquelle les jurisconsultes érudits reconnaissent la *donatio ante nuptias* ou *propter nuptias* romaine.

Voici par exemple d'après un acte du 28 juin 1784 (Soldavilla) une formule de constitution de cet augment de dot. Le père de l'époux et l'époux (l'*hereu*) «acceptan la constitucion dotal (300 liv.) per la dite esposa y per raho de aquella le fan creix, aument o donacio per nupcias de 20 livres Barc*. Lasquals junt ab la dita sua dot prometen a l'esposa restituir y pagarli en tot cas que restitucio de dot y solacio de creix tinga lloch, lo dit creix en lo modo que de dret deu esser satisfet tot — sens la mener dilacio ni excusa y ab la obligacio en special de tot aquel camp situat en lo lloch de la Cortinada y en general de tots los demes bens, volen que l'esposa tinga y possehesca, tota la sua dot y creix tot lo temps de la vida sua natural ab marit y sens marit, ab enfant y sens enfants. Lo dia empero del obit del espos tinga y possehesca tota la dita sua dot, lo dit creix torna y pervinga al enfant o infants a laqual o alsquals ne fon donació en poder del notari dels presents capitols per aquels acceptant y stipulant...». S'il n'y a pas d'enfants [en âge de tester], «creix torne als donators ó a son hereu o successor universal o a qui els dits donators hauraut volgut». Mêmes dispositions, acte du 2 août 1784 (Soldavilla).

Dans un acte du 23 juillet 1784, c'est le mari, épousant une pobilla instituée héritière par le contrat de mariage, qui apporte la dot. Il apporte «50 livres B*, dont 30 lui sont acquises en tout état de cause; et le père de la future «per raho de aquella dot li fa creix, aument e donacio per nupcias de 25 livres B*».

Dans un acte du 23 novembre 1453, nous voyons le père de l'épouse et l'épouse donner reçu d'un *exovar* de 60 livres apporté dans la maison de sa femme par le mari «in dotem sive pro dote, et propter hanc dotem quam in domo mea mittitis et mihi traditam, facio vobis dicto Matheo Torner, viro meo, augmentum sive donationem propter nuptias medietatem de omnibus melioramentis abinde in bonis meis faciendis tam de bonis mobilibus et immobilibus quam se moventibus, videlicet quod inter vos et me sunt medio per medium (*sic*) omnia melioramenta facienda de habentia [1]». On ne s'étonnera pas de voir le *creix de dot*, l'*augment de dot* consister ici dans la moitié des acquêts, si l'on considère que, dans les régions dont il s'agit, la communauté légale d'acquêts entre les époux paraît avoir été inconnue [2].

---

[1] Andorre : ancien registre de notaire, tiroir 12.
[2] Cette communauté légale d'acquêts existe sous la dénomination de «so-

Les textes, comme le nom même l'indique, nous présentent le *creix de dot* comme un *supplément de dot* fourni par la famille qui reçoit la dot. Dans un contrat de la Massane de 1470, une veuve mariant son fils l'«herite de tots sos bens et *fa de majora* a l'esposa, sa nora, 6 livres». Le père de l'épouse lui donne en dot 15 livres, ce qui fait en tout 21 livres: «entre tot son 21 livres de dot, loqual dot *o oxovar* li prometo de assegurar sobre la mitat del prat apelat lo prat de la cort».

Les expressions qui servent à désigner cette donation, faite par le conjoint qui touche la dot, ou sa famille, au conjoint qui la reçoit, ou à sa famille, se rapportent toutes à la même idée d'accroissement, d'augmentation, d'amélioration de la dot. Le *creix* de dot paraît ainsi une pure libéralité du mari ou de sa famille dépendant uniquement de ses dispositions personnelles et n'étant exigible par l'action *pacti conventi* qu'autant que cela a été expressément stipulé[1].

Et c'est justement ce qui semble le distinguer de la «donatio propter nuptias» romaine, appelée encore «*donatio antipherna*». Les principes de la *donatio propter nuptias* romaine sont les suivants: 1° Elle n'a de raison d'être que lorsque la femme apporte en mariage une dot; le mari, en cas de survie, gardant cette dot soit en totalité soit en partie, on le contraint, pour établir une certaine compensation d'avantages entre les deux époux, à constituer à sa femme certains biens dont elle doit profiter en cas de survie, comme lui-même profite de la dot; 2° la quantité de ces biens devait être la même que celle qui était assurée au mari en cas de prédécès de la femme, et elle devait être majorée dans la même proportion que la dot. La *dot* et la *donatio propter nuptias* doivent se compenser exactement[2].

Telle est la législation justinienne. Jusqu'à quel point cette législation traduit-elle la pratique courante ou passe-t-elle dans les mœurs? C'est ce qu'il est difficile de dire: il semble que la législation antérieure n'ait pas

ciedad de ganantias» dans «lo camp y arquebisbat de Tarragona». V. Morello, *Formulaire*, t. II, p. 50.
Elle est facultative à Tortose; Costumbres de Tortosa, rubr. IV, S 3, p. 247: «exceptat aquel matrimoni en que es feyta compaynia o agermanament, car là don-hs quisque guaayn alguna cosa en qualque manera o guaayn que honesta sia, amduy o guaayna».

[1] Amell y Broca, t. I, S 199, p. 344.
[2] L. 20, C. J. V. 3. «Sancimus omnes licentiam habere donationes mulieribus dare propter dotis donationem ut non simplices donationes intelligantur, sed propter dotem et propter nuptias factæ.» — L'Authentique «de æqualitate dotis», S 1 (Nov. 97, S 1), pose le principe: «Æqualitas omnino servanda est in dote et in donatione antenuptiali, non tantum in lucris exinde proventuris, sed etiam in præstatione et constitutione utriusque. Augmentum quoque vel prorsus non fiat, vel ab utraque parte celebretur, pari scilicet quantitate ne vel eo modo subvertatur æqualitas». — V. encore l. 9, C. J., V. 14. — Nov. 22, ch. 20. — Nov. 97, ch. 1, 2. — Nov. 98, ch. 2.

connu cette égalité absolue de la dot et de la *donatio ante nuptias*. Cette dernière semble avoir été originairement faite par le père à son fils pour l'aider à supporter les charges du ménage. Elle a moins en vue la future épouse que le futur mariage et les enfants à naître; le père, en dotant son fils, doit prendre en considération moins la dot qu'apporte la future épouse, que ses propres ressources et les besoins des jeunes époux. Il ne pourait donc être question de ce point de vue de l'égalité de la dot de la femme et de cette *donatio* faite au fils. Il semble que le mouvement dans le sens de l'égalité de la dot de la femme et de la donation faite par le père de l'époux a eu pour point de départ les droits grandissants de la femme sur cette *dot* du mari.

Le mariage dissous, la famille du conjoint défunt devait supporter avec peine que le survivant jouît d'avantages plus grands que ceux dont le défunt aurait joui lui-même, s'il avait survécu. On devait tenter de faire pénétrer dans la loi le principe de l'égalité des avantages assurés à chacun des conjoints dans le cas de dissolution du mariage. L'Authentique (Nov. 97, § 1) montre cette marche de la législation, et comment c'est le souci d'assurer l'égalité des avantages postérieurs à la dissolution du mariage qui a entraîné l'égalité de la dot et de la *donatio propter nuptias*. «Æqualitas omnino servanda est in dote et in donatione antenuptiali, non *tantum in lucris exinde proventuris, sed etiam in præstatione et constitutione utriusque.*»

Le droit byzantin n'a pas persévéré dans la voie tracée par Justinien. La *donatio propter nuptias* déjà, dans l'*Ecloga* de Léon et Constantin, apparaît avec le caractère d'augment de dot, comme une quantité qui vient s'ajouter à une autre, c'est-à-dire : à la dot, t. II, § 4 (p. 6, édit. Montferrat) : ὥστε ἐν αὐτῷ (προικώῳ συμβολαίῳ) ὁμολογεῖν τόν ἄνδρα τήντε εντελῆ τῆς προικὸς οἰκείωσιν καὶ ἀδιάπτωον καὶ ἀμείωτον αὐτῆς παραφυλακὴν καὶ συντήρησιν, μετὰ τῆς, ὡς εἰκός, παρ' αὐτοῦ ἐν ἐπαυξήσει δικοχαρισθείσης αὐτῇ ποσότητος, ἐγγραφομένου ἐν τῷ παρ' αὐτοῦ ἐκτιθεμένῳ συμβολαίῳ κάσου ἐξ ἀπαιδίας μέρος τέταρτον... καὶ μὴ ἐπερωτᾶσθαι ἢ καταγράφεσθαι παρὰ τοῦ ἀνδρὸς ἰσόμετρον τῆς εἰσαγομένης αὐτῷ προικὸς προγαμιάιαν δωρεάν. En réunissant les deux mots αὔξησις et προὶξ, on a une expression qui est tout juste le pendant de l'expression consacrée «augment de dot». Ce passage de l'*Ecloga* est exactement reproduit dans l'*Ecloga ad Prochiron mutata*, II, § 11, et l'*Ecloga privata aucta*, II, 3.

La Synopsis Minor Υ, 4, désigne la *donatio ante nuptias* par le nom sous lequel elle est dans ce monde généralement connue, ὑποβόλον, et en donne une définition tout à fait équivalente : «ce qui s'ajoute du fait du mari au montant de la dot, lorsqu'il y a lieu à restitution de cette dernière par suite de la mort de la femme «τὸ ἐπὶ τῇ ποσότητι τῆς προικὸς... παρὰ τοῦ ἀνδρὸς ταύτης ὑποβαλόμενον ἤγουν ὑποτιθέμενον». Le plus souvent le montant de l'ὑποβόλον est réglé dans les conventions matrimoniales. En l'absence de stipulation expresse, l'ὑποβόλον est fixé par la loi au tiers de la dot : c'est là le droit le plus récent ; autrefois la loi fixait l'ὑπόβολον à la moitié de la dot. Nous le voyons par la *Peira*, XVII, 14, (p. 61)[1], et nous trouvons au même endroit que les petites gens ne sont astreints, dans la fixation de l'hypobolon, à observer aucune proportion. Une transformation s'accomplit dans les idées juridiques romaines. La *donation propter nuptias* tend à prendre de plus en plus le caractère de l'*augment de dot* des législations médiévales de l'Occident. Ce n'est plus la dot faite au mari par sa famille pour subvenir aux charges du mariage et sur laquelle la femme survivante a certains droits, c'est une donation qui semble faite directement à la femme pour être ajoutée à sa dot, le jour où elle rentre en possession de cette dernière.

Les idées des populations barbares, qui ont envahi l'Empire romain, semblent avoir eu une influence sur ce point. La *donation propter nuptias* tend à se confondre avec le morgengabe, le don fait par l'époux à la jeune femme le lendemain de ses noces pour prix de sa virginité.

Les constitutions de Catalogne (l. 1, Liv. VI, titre II) disent du *creix* de dot que «el cual *se debe a la madre por razon de sa virginidad*», et, de fait, dans la jurisprudence catalane, le *creix* de dot a été constamment envisagé à ces deux points de vue d'un *pretium virginitatis* ou de l'ancienne donation *propter nuptias* romaine en étroit rapport avec la dot[2].

Le *creix* ou *augment* de dot peut consister et consiste le plus souvent en une somme d'argent, mais aussi en biens-fonds.

Quelles sont la nature et l'étendue des droits, conférés par le père de l'époux ou de l'épouse qui a reçu la dot, sur les biens donnés en *creix de dot ou esponsalicio*?

En droit romain on admet généralement que les biens, compris dans la donation à cause du mariage, continuent à faire partie des biens du mari : nov. 61 § 1, οὐχ εὑρίσκουσαν τὸ πρᾶγμα ἐν τῇ τοῦ ἀνδρὸς περιουσίᾳ, ἀλλ' ἢ ἐκποιηθὲν ἄλλοις ἢ ὑποτεθὲν, καὶ δυνατοῖς ἴσως προσώποις... Comme le montre cette nov. 61, ils sont simplement frappés, entre les mains du mari ou du donateur, d'une sorte d'inaliénabilité. Il ne peut ni vendre ni hypothéquer, sauf toutefois consentement de la femme, manifesté deux fois à deux ans d'intervalle et sous la condition (§ 3) que les immeubles restant suffiront à couvrir la donation *ante nuptias*, ou seront l'équivalent des immeubles aliénés : ἡνίκα ἐστὶν ἕτερα πράγματα ἐξ ὧν δυνατὸν αὐτῇ

---

[1] *Peira*, XVII, § 14 (p. 61) : Νεαρὰ δὲ τοῦ κυροῦ Λέοντος... ἐτύπωσε πρὸς τὸ ἥμισυ γίνεσθαι, φυλάξασα τὴν συνήθειαν. Καὶ ἔνθα μηδὲν περὶ ὑποβόλου συμφωνηθῇ, τὸ ἥμισυ τῆς προικὸς δεχόμεθα... Καὶ οἱ κατωτικοὶ ὑπόβολον μὲν ὀλίγον συμφωνοῦσι διὰ τοὺς παῖδας καὶ τὸ ἄδηλον τῆς ἐκδόσεως, θεώρετρον δὲ πλεὸν.

[2] Voir AMELL Y BROCA, t. I, § 201, 202 (p. 345-346) où sont successivement traitées les «Consecuencias de darse por razon de la virginidad» et la «Consecuencia de ser correlativa la dote».

τὸ ἱκανὸν γενέσθαι τοῦ περιεχομένου τῇ προγαμιαίᾳ δωρεᾷ πράγματος ἢ πραγμάτων ἀκινήτων ὑφ' ἑτέρου κατεχομένων διὰ τὸν τῆς ἐκποιήσεως ἢ ὑποθήκης τρόπον.

Le mari mort, les immeubles passent alors en la possession de la femme, à laquelle la jurisprudence de certains tribunaux reconnaît, pour faire valoir ses droits, l'action *in rem* [1], puis aux enfants, et, sous certaines conditions, font retour au donateur et à ses héritiers, ou plus exactement restent dans ses biens, § 3 : τοῖς κοινοῖς παισὶ τὰ τῆς προγαμιαίας δωρεᾶς φυλάττεται πράγματα, καὶ αὖθις ταῦτα μένει παρὰ τῇ οὐσίᾳ τοῦ ἀνδρὸς καὶ τῇ ἐκείνου διαδοχῇ ἐκ ταύτης τῆς παρατηρήσεως...

Les termes par lesquels la coutume andorrane définit la condition juridique du *creix de dot* sont les suivants : Acte du 28 juin 1784 (Soldavilla), «Per raho de aquella dot», le père de l'époux et l'époux font à la femme qui apporte la dot : «Creix, aument donacio per nupcias 25 livres Barc. Lesquals junts al la dita sua dot prometen a l'esposa restituir y pagarli en tot cas que restitucio de dot y *solucio de creix* tinga lloch, lo dit *creix* en lo modo que de dret deu esser satisfet tot sens la menor dilacio ni excusa y ab la obligacio en *special* de tot aquel camp situat en lo lloch de la Cortinada y en general de tots los demes bens; volen que l'esposa tinga y possehesca tota la sua dot y creix tot lo temps de vida sua natural *ab marit y sens marit ab enfant y sens enfants.* Lo dia empero del obit de l'esposa, tinga y possehesca tota la dita sua dot (*sic*) [c'est-à-dire avec le formulaire : *los seus cobraran la dita sa dot en la forma los espectara*] y lo dit creix torna y pervinga al enfant o infants a laqual o alsquals ne fan donaciŏ en poder del notari dels presents capitols per aquels acceptant y stipulant. Y si tals fils, un ŏ mes, nò sobreviuràn, la dit creix torne a els donators ò a son hereu ò successor universal ò à qui els dits donators hauran volgut». Le formu- laire donne avec quelques variantes : «lo creix pervinga al fill ò fills que del present matrimoni procreats scràn, als cuals en cas de existir los ne fa donaciò pura, perfecta, simple é irrevocable, nomenada entre vius en poder del infraescrit notari con a publica persona per aquells acceptant y estipulant y si tals fills, un ŏ mes, nò sobrevuiràn, lo dit creix torne a ell dit donator, si viura, — y si no viurà, à son hereu ò successor universal ab los vincles, gravamens ab que li haurà succehit, ò à qui ne haurà disposat de paraula, ò en altro manera.... ».

Le *creix* de dot est donc donné à la femme pour en jouir à la mort de son mari, sa vie durant, qu'il y ait des enfants ou non : «tinga tota la sua dot y creix tot lo *temps de vida sua natural ab marit y sens marit, ab enfant y sens enfants* ».

---

[1] § 1 : οὐ δὲ γὰρ ἔδοξαν ἡμῖν ἀπὸ τρόπου πεποιηκέναι τινὲς τῶν ἡμετέρων δικαστῶν, οἵπερ καὶ αὐτὴν τὴν in rem [ἀγωγὴν] ταῖς γυναιξὶ μετὰ τὴν τοῦ γάμου διάλυσιν ἐπὶ τῆς προγαμιαίας δεδώκασι δωρεᾶς.

Après la mort de la femme, il y a lieu de distinguer : y a-t-il des enfants ? Le *creix* revient tout entier aux enfants, et le formulaire nous apprend que cette transmission du *creix* aux enfants se fait en vertu d'une «donacio pura, perfecta simple e irrevocable, nomenada entre vius» faite aux enfants à naitre en la personne du notaire stipulant pour eux. L'usufruit concédé à la mère, et, à sa mort, la propriété pleine et entière de tout le *creix* passant aux enfants : telles sont les règles du *creix de dot* [(1)].

Il faut remarquer qu'on ne distingue pas pour cette succession des enfants au *creix* de dot, s'ils sont, au moment de la mort de leur mère, en âge de tester ou non. Les actes ni les formules ne disent mot d'une telle distinction. Le *creix* doit s'envisager comme une donation pure et simple, pour employer les termes de la formule, faite aux enfants à naître du mariage et non comme un fidéicommis dont le donateur établit la loi. C'est pour cette raison qu'en droit catalan, avec lequel le droit andorran parait sur ce point

_____

[(1)] La Costumbre de Tortosa admet elle aussi que, le mari mort, la femme doit, sa vie durant, jouir de tout le *creix* : livre V, chap. XIII, «E si per aventura lo marit mor enans que la muller, la muller pot demanar et aver et conseguir tot lo creyx...; lo qual creyx tot deu aver et tenir de tots los dies de sa vida». Mais pour ce qui est de la nue propriété, elle passe, après sa mort, quand il *y a des enfants*, moitié à ces enfants : «Car tantost com lo matrimoni se fa, lo marit *ne fa donacio* en las cartes de les nupcias als fills d'eyl, en ella procreats, de la *dita meytat del creix*»; moitié reste à la libre disposition de la femme qui peut en faire ce qu'elle entend : «l'altra meytat pot fer la muller tota sa volentat... l'altre meytat del creyx qu'el marit avià donat a toles ses volentas». Il ne faudrait pourtant pas croire que la femme peut faire indifféremment tout ce qu'elle veut de cette dernière moitié. Si elle vient à se remarier (p. 235), elle «deu assegurar à sos fills (du premier lit) l'altra meytat del creix, qu'el marit li avi donat à toles ses volentats. Et tot ço qu'el marit li aura donat en temps de nupcies o dabans ò depuyx o lexat testament tot o deu assegurar a sos fils que o cobren o u pusquen cobrar tantost com cyla sia morta, no contrastan ço que din en les cartes o els testaments quan din qu'el marit lo y dona o lo y lexa a toles ses volentats». En d'autres termes, quand la femme se remarie, elle perd le droit de disposer de la moitié, qu'elle a en toute propriété, pour en faire ce qu'elle veut, quand il n'y a pas d'enfant. Le législateur n'a pas pu admettre que les biens du premier mari passassent aux enfants du second lit; et pour être sûr qu'il n'en serait pas ainsi, il a décidé que cette moitié reviendrait en toute propriété aux enfants du premier lit. — Quand il n'y a pas d'enfants, à la mort de la femme, «la meyta del dit creyx deu tornar als *hereus del marit,* o aquel o a aquells a qui eyl la volra jaquir, e de *l'altra meytat* pot fer la muller tota sa volentat, asi con del exovar». — Il est à remarquer que toutes les fois que la nue propriété d'une partie du *creix* ne revient pas à la femme ou à ses héritiers, on exige qu'elle donne caution pour jouir de l'usufruit : p. 234, «E de la meyta del creix que deu tornar als hereus de marit, o a aquels a qui eyl o lexara deu la *assegurar* quels dits hereus la ajen e la pusquen cobrar».

comme sur tant d'autres se confondre, la règle de succession du *creix de
dot* paraît être le partage égal [1] et que, dans le cas de prédécès de la
femme, elle ne peut avantager un des enfants au détriment des autres.
Fontanella a encore raison contre Fr. Ferrer lorsqu'il prétend que les enfants héritent du *creix* à titre de donation et d'institution d'héritier, non en
vertu d'un droit de succession ab intestat [2]. Quand c'est la mère qui meurt
la première, les fils héritent bien de la nue propriété, mais jusqu'à la mort
du père, ils n'ont aucune action pour réclamer le *creix*. Quand il n'y a
pas d'enfants, le *creix* fait tout entier retour au donateur «a el dit donator, à son hereu ò successor universal, ab los vincles y gravamens ab
que li haurà succehit, ò à qui ne haurà disposat de paroula», sans qu'il
en reste rien à un titre quelconque entre les mains des héritiers de la
femme.

La nature du *creix de dot* est donc, à ce point de vue, tout autre que celle
de la dot, qui est un véritable fidéicommis sur lequel la femme dotée a
une trébellienne, il est vrai arbitrairement fixée par le père. Dans la coutume de Tortose, cette différence n'existe pas. Dans le cas de mort sans
enfant, «la meytat del dit creix den tornar als hereus del marit, ò a aquel
ò a aquels a qui eyl la volra jaquir, — et de l'altra meytat pot fer la
muller tota sa volentat, *axi com del* exovar».

Nous voyons combien de liens, d'entraves de toute sorte pèsent, dans
notre droit andorran et catalan, sur la propriété immobilière; lesquels tous
procèdent plus ou moins directement de l'idée que toute fortune est moins
la propriété du détenteur actuel des biens que le patrimoine d'une famille.

L'ensemble du patrimoine se transmet d'*hereu* à *hereu* par voie d'élection
testamentaire, tandis qu'une partie est à chaque génération nouvelle momentanément détachée de l'ensemble pour fournir aux besoins des autres
membres de la famille. Ces liens, ces entraves multiples qui pèsent sur la
plupart des biens, c'est ce que les textes appellent «vincles y gravamens».
Nous venons de voir quels sont ceux qui assurent l'assujettissement à l'ensemble des biens détachés en qualité de dot, d'*exovar*, de *creix* de dot;
ceux qui maintiennent la cohésion des biens de la *casa*. Il nous reste, pour
finir d'exposer le régime des biens dans ses rapports avec le droit de famille,
à dire quels droits le mariage confère aux conjoints respectivement sur les
biens l'un de l'autre.

---

[1] AMELL Y BROCA, p. 349, § 205 : «Los hijos adquiriran el sponsalicio por
partes iguales sin que los padres puedan favorecer à uno màs que à otro».

[2] AMELL Y BROCA, t. I, p. 349, note 10.

CHAPITRE V.

DE LA DOT. DROIT DU MARI SUR LA DOT.

Voici comment définit les droits du mari sur la dot un acte du 28 juin 1784. L'épouse se constitue en dot une somme que lui donne son frère «volent que los dits esvenidors socre y marit seus demanen y cobrien la dita sua dot y los fruits de aquella seus propris fassen per millor supportar los carrechs del matrimonio, loqual finit ella y los seus, recobre salva la proprietat de la dita sua dot». Le formulaire donne (t. II. p. 43) : «La cual constituciò dotal fa de totas las ditas cosas, extrahent aquellas, seguit lo obit de dits sos pares, y ara per las horas de ma y poder deldit esdevenidor marit seu, ab promesa de livrarli possessiò de aquellas, y que ell venint lo cas, se la puga prendrer de sa propria autoritat, ab clausula de constitut, cessiò de drets y accions, constituciò de Procurador, com en cosa propria, clausula de intima y demes oportunas: en virtu de la cual cessiò de drets y accions puga lo dit esvenidor marit seu despues del obits de dits sos pares, y del altre de ells sobrevivent y no antes, demanar y cobrar todas las ditas à ell en dot constitutuidas, firmar apocas y recibos, instar executions, exposar reclams y altrement fer tot lo demes que ella podria fer antes de la present constitutio dotal. Y vol y consent que lo dit esdevenidor marit seu demanie y cobria la expresada sua dot y los fruits de ella seus propris fassa durant lo present matrimoni. Lo cual finit, y en tot cas de restituciò de dot, ella y los seus recobrian aquella, sens contradicciò de persona alguna. Y promet y jura que la present constitucio dotal tiendrà sempre per valida y permanent, y contra ella nò vindrà per motiu algun; baix obligacio de tots sos bens, mobles y immobles, presents y futurs, drets y accions; en vertud de cual jurament per ser menor de vint y sinch anys, renuncia al benefici de menor edat, y a altre qualsevol per lo cual restituciò alguna poguès demanar». Le mari a l'administration de la dot de la femme; c'est lui qui este en justice dans les instances relatives aux biens qui composent la dot, qui touche les revenus, délivre les quittances, etc. La femme lui a livré sa dot en mains avec pouvoir de l'administrer et de disposer des revenus pour les charges du ménage.

D'une manière générale, les règles applicables sont celles du droit romain. Comme en droit romain, elles sont tout autres, suivant que la dot a été estimée ou non. Nous n'insisterons pas sur un point qui ne présente rien d'original.

Qu'arrive-t-il lorsque c'est l'homme qui, épousant une *pobilla*, apporte la dot, l'*exovar?* La *casa* de la femme répond de la dot, une hypothèque générale ou spéciale sur les biens de cette *casa* assure au mari la restitution des biens qu'il apporte. Mais le plus souvent [1], en qualité d'époux, de chef de l'association conjugale; il reste administrateur de la dot qu'il apporte; et de plus sa femme, la *pobilla*, lui livre l'administration de son propre bien. Le Formulaire de Morello donne, à la page 32, la formule de cette remise des biens de la *casa*, dont elle est héritière, entre les mains du mari qui les administrera dorénavant. Il est intéressant de remarquer que l'acte est conçu comme si la femme, la *pobilla*, livrait la *casa* en dot au mari : «de sa libre voluntat *constitueix* y *aporta* en *dot* inestimadament y com à cosa y fundo dotal al dit et esdevenidor marit seu, tots sos bens... que de present en dit nom de hereva de momenat son difunt pare te y poseheix... volent que sian tinguts tots per constituits en dot, com si cada un de ells fossen aqui nomenats per sas especificas designacions, inestimats y com a fondo dotal... extrahent las ditas cosas dotals de ma y poder seus; tranferint las en ma y poder del nomenat son venidor marit, ab promesa de entregarli possessió corporal, o quasi, en continent celebradas las bodas entre ells... Y los fruits de ells seus propris fassa durant lo present matrimoni per los carrechs de aquell suportadors : lo qual finit, y en tot cas de restitució de dot, ella y los seus recobren salva la proprietat de las ditas cosas dotals.. de tots los cuals bens dega formarse inventari...».

L'hérédité est au pouvoir du mari tant que dure le mariage, et ne se distingue pas pour lui, au point de vue de la future administration, de la dot que lui apporterait une femme non héritière.

Il peut arriver pourtant que ce soit la *pobilla* qui, ses parents morts, administre elle-même les biens de la *casa*; elle prend alors en même temps en mains l'administration de l'*exovar* qu'a apporté le mari [1].

Celui qui apporte la dot, femme ou mari, a toujours une hypothèque générale et très souvent une hypothèque spéciale sur les biens du conjoint qui la reçoit. Les interprètes les plus autorisés admettent que cette hypothèque est une hypothèque légale.

Le mariage dissous par la mort ou le divorce, quels droits a le mari sur la dot de sa femme? la femme sur l'*exovar* du mari? le conjoint qui a apporté la dot, sur les biens de celui qui l'a reçue et réciproquement?

Voyons d'abord les droits du mari sur la dot de sa femme.

A. S'il y a des enfants, la dot en principe, doit leur revenir.

Que devient-elle à leur mort?

Il faut distinguer suivant que les enfants que la mère laisse en mourant sont en âge de tester ou non.

Dans le premier cas, la mère dispose de toute la dot comme elle l'entend;

[1] Broca y Amell, t. I, p. 342, § 197.
[2] Amell y Broca, t. II, p. 342, § 197.

c'est sa volonté exprimée qui, l'enfant mort, fait la loi de la dot. Dans le second cas, la dot, après la mort de l'enfant ou des enfants impubères, fait retour aux parents qui l'ont constituée; une certaine partie seulement restant à titre de quarte trébellienne à l'entière disposition de la mère. Toutes les fois qu'il y a des enfants, le mari est légalement exclu de *tout* droit sur la dot.

Mais il semble bien que serait valable dans un contrat de mariage une clause portant que le mari, à la mort de sa femme, conservera en sa possession la dot sa vie durant, même au cas de survivance d'enfant [1]. D'après Fontanella, c'était la coutume générale en Cerdagne, et même la loi, dont on ne pouvait s'écarter par pacte exprès [2].

Dans un acte du 15 février 1824 (Moles), nous voyons la *pobilla* assurer à son mari, par contrat de mariage, dans le cas de prédécès, l'usufruit de tous ses biens, tant qu'il restera veuf. — Dans un autre acte du 14 juin 1784 (Soldavilla), nous voyons une certaine Rose Fiter, mariée en premières noces à un certain Durand, puis en secondes à Miqual Fizat, qualifiée d'« *usufructuaria y thenutaria per son dot*, esponsalici y demes credits de heretat y bens que foren del quondam Durand», son premier mari.

Dans un autre acte du 29 mai 1783 (Soldavilla), nous trouvons également une veuve concourant avec les tuteurs testamentaires de ses enfants à faire la dot de sa fille «tant com a *usufructuaria* de la universal heretat y bens dedit son defunt marit per est deixada ab lo precalendat son testament y com en lo de thenutaria per son dot y spoli y altres drets de la indicada universal heretat y bens seguns la consuetut de Barcelona y constitucion general de Cathaluna Hâc nostrâ».

En cas de survivance à sa mort d'enfants impubères, la femme peut-elle disposer valablement, en faveur de son mari survivant, de la portion de dot dont elle a la libre disposition? Il semble bien qu'elle puisse en disposer en sa faveur en toute propriété, comme elle pourrait le faire en usufruit avec réserve de la nue propriété en faveur des enfants.

B. Dans le cas où il n'y a pas d'enfant, la dot fait retour au constituant à la mort de la femme, sauf convention contraire en réservant la jouissance au mari sa vie durant.

Les droits de la *pobilla* héritière sur *l'exovar* du mari sont du même ordre et forment le pendant des droits dont le mari peut jouir sur la dot de la femme.

Seules les garanties qui assurent la restitution de la dot au conjoint qui l'apporte diffèrent suivant qu'il s'agit de l'homme ou de la femme.

L'un et l'autre ont une hypothèque légale sur les biens de l'autre conjoint.

---

[1] AMELL Y BROCA, t. I, p. 326, S 183.
[2] *Ibidem*, p. 327, S 183.

Mais la condition de la femme, lorsqu'il s'agit de rentrer en possession de sa dot, est privilégiée. D'après une disposition des *corts* de Perpignan de 1351 (constitution de Catalogne, 1. L. V. 3.), la première année qui suit la mort de son mari, la veuve a le droit de prendre sur les revenus des biens tout ce qui est nécessaire à son honnête entretien : «e dins lo *any del plor* de aquells bens en totas cosas a la sua vida necessarias *sia* proveida». Cette première année passée, si les héritiers du mari ne désintéressent pas la femme pour sa dot et le *creix* de dot, «despues de lo dit any empero del plor los fruyts de aquells bens faça *seus* fins a tant que a ella en lo *dot y sponsalici* seus sie integrament satisfet». Ce droit de jouissance de la veuve sur les biens du mari, dans le cas de non-payement de la dot et du *creix* de dot, c'est ce qu'on appelle la *tenuta :* la veuve *tenutaria* qu'on rencontre dans les textes, c'est la veuve à laquelle les héritiers n'ont pas restitué sa dot et le *creix* de dot. Presque toujours la *tenutaria* est en même temps qualifiée *usufructuaria;* elle est *usufructuaria* en vertu de clauses du contrat de mariage ou de dispositions de dernière volonté de son époux défunt (acte du 29 mai 1783, Soldavilla) : «usufructuaria de la universal heretat y bens du dit defunt marit per est deixada ab lo precalendat son testament»; elle est *tenutaria*, pour ne pas avoir reçu restitution de la *dot* et du *creix de dot :* «tenutaria per son *dot y spoli*», comme dit le même acte, cité plus haut. Et pour assurer à la veuve *tenutaria* la protection de ses droits sur les biens de son mari, une autre disposition des *corts* de Barcelona de 1564 (l. 2. L. V. 3) met à sa disposition «los remedios de despojo com si realmente y de hecho ella los *hubiere poseido*». Les auteurs espagnols qualifient cette possession de «*posesion civilisima*», pour indiquer que contrairement à la possession ordinaire qui exige de la part du sujet l'*animus* et le *corpus*, la loi ici, indépendamment de tout concours de ces conditions essentielles, suffit à créer le droit. La veuve, à la mort du mari, possède incontinent tous les biens laissés par celui-ci. Elle possède, dans l'esprit et la lettre des constitutions 1 et 2, L. V. 3, sans nécessité d'appréhension corporelle, en sorte que la possession desdits biens du mari est censée transférée immédiatement à la veuve et sans le concours de personne. Aussi quelqu'un prend-il la possession réelle des biens du mari? la veuve peut intenter contre lui l'*actio spolii.* La veuve qui veut être réellement et effectivement *tenutaria* n'a ainsi qu'à faire emploi de l'*interdictum de possessione acquirenda* pour convertir sa possession de droit en possession actuelle et réelle. Les seules conditions nécessaires pour l'existence de son droit sont que le mariage ait été contracté, que la dot ait été versée, le *sponsalicio* promis; que des preuves mettent tous ces faits hors de doute et qu'enfin ait commencé dans le délai d'un mois l'inventaire prescrit par la constitution Hâc nostrâ.

La *tenutaria* a l'usufruit des biens du mari sans avoir à fournir caution comme les usufruitiers ordinaires. La *tenuta* dure tant que la *dot* et le *sponsa-*

licio n'ont pas été restitués à la veuve intégralement. Les charges d'importance moyenne grèvent cette dernière, et il lui incombe particulièrement l'obligation de faire une pension alimentaire aux fils de l'époux défunt. Quant aux dépenses que nécessitent la défense et la conservation des choses qui composent l'hérédité, elles retombent sur l'héritier, ou les héritiers. Le droit de la *tenutaria*, comme celui de tout usufruitier, est d'une manière générale tout personnel à la veuve et intransmissible à un tiers. Elle peut cependant se constituer en dot pour un second mariage cette *tenuta* qui représente des droits qui lui sont propres : sa *dot* et son *sponsalicio*.

Mentionnons pour finir que dans le cas où le père est remarié et meurt laissant des enfants des deux lits, les enfants du premier lit ont pour recouvrer la *dot* et le *sponsalicio* de leur mère, un droit de préférence, à l'encontre de la seconde femme et de ses enfants, qui s'exerce par le droit de *tenuta*, un droit d'usufruit sur les biens du mari [1].

Telles sont les grandes lignes de cette curieuse institution de la *tenuta*, qui est un moyen très énergique et presque excessif de faciliter à la femme le recouvrement de sa dot et de son *creix* de dot. L'existence d'une institution semblable, si exorbitante du droit commun (un droit d'hypothèque générale, transformé *ipso facto*, sans un seul artifice de procédure et sans jugement, en droit de possession sur l'ensemble de la succession), ne se comprendrait pas s'il ne fallait y voir l'affaiblissement d'un droit bien plus étendu encore de la femme sur les biens du mari. L'usage a très anciennement existé en Catalogne que la veuve, ne se remariant pas, avait la jouissance, sa vie durant, de *tous* les biens du mari. L'usage *vidua* en témoigne (L. V, t. III des constitutions de Catalogne, préambule, § 1) : la vidua que «despues de la muerte de su marido — viviere en los proprietades de esta — honesta y castamente — alimentando bien a sus hijos, tenga los bienes de su marido tanto tiempo com estarà sin marido. — Si cometiere adulterio y violare el lecho de su marido pierda las proprietades y todos los bienes de este, — todo lo que se entregue a los hijos si tuvieren edad para ello y sino a sus proximos parientes». C'est ce droit d'usufruit de la veuve non remariée sur tous les biens du mari, que la constitution de Perpignan de 1351 a ramené à un droit de *tenuta*, subordonné au non-payement de la dot et du *sponsalicio* à la veuve par les héritiers du mari. Tel est le droit catalan, et tel est certainement le droit andorran. Je ne vois pas comment pourraient être résolues, en dehors des principes de la jurisprudence catalane, des difficultés un peu complexes relatives à ces questions [2].

---

[1] Voir BROCA Y AMELL, § 251.

[2] Je note, d'après des renseignements pris par M. Brutails auprès de certains notables des Vallées, que le souvenir de l'ancien droit paraît ne pas être absolument aboli dans la conscience populaire : certains admettent, en effet, que la veuve a

On ne trouve aucune trace d'un privilège semblable au profit du mari pour se faire restituer son *excaar*. Il est réduit, pour garantie de sa dot, à l'exercice de l'hypothèque générale ou spéciale existant en sa faveur. Tout au plus a-t-il un droit de rétention sur les biens qu'il administre au moment de la dissolution du mariage, mais sans pouvoir faire les fruits siens [1].

De l'exposition que nous venons de faire, il suit qu'au point de vue du régime des biens, le *droit matrimonial* andorran et catalan ne présente proprement rien de particulier. Le régime des biens des époux dans le mariage est dominé et comme absorbé par le régime général des biens dans la famille. Les deux principes qui dominent ce dernier sont, nous avons eu l'occasion de le dire, la forte adhérence entre eux des biens de la *casa*: il faut admettre que le patrimoine familial forme une personne morale que le mot *casa* sert à dénommer; c'est de cette personne morale de la *casa* que dépend chacun des biens qui composent ce patrimoine. Le second principe, c'est la désignation par voie testamentaire ou institution d'héritier du titulaire investi de l'exercice des droits de la *casa*. C'est entre la double série d'exigences dérivant de ces deux principes que se trouve comme pris le régime des biens des époux dans le mariage. On peut se faire une idée de la chose par ce qui arrive lorsque le père tente, en vertu de la *patria potestas* dont le mariage est la source, de disposer par substitution pupillaire des biens de son fils, hérités de sa mère. Très anciennement, par la volonté du père testant pour le fils impubère en sa puissance, ces biens pouvaient parvenir aux mains de ses propres parents [2]. Une disposition des corts de Monson, an. 1585 (constitutions de Catalogne : L. VI, t. II) fait cesser cet abus; le pouvoir testamentaire du père cède aux droits du lignage : «Ordenamos con aprobacion de las presentes cortes que en este caso los bienes de la madre deban volver à los hermanos ò hermanas ò otros parientes hasta el cuarto grado, como esta dicho, de parte de madre si los hubiere y que el

de droit, indépendamment de toute *tenuta*, «l'usufruit viager des biens du mari». — Pour d'autres, toujours d'après les renseignements de M. Brutails, la jouissance des biens du mari par la veuve n'est pas un droit; c'est un fait, affaire de simple convenance : les enfants ne peuvent pas, sous peine d'être de mauvais fils, lui enlever l'usufruit des biens de son mari et l'expulser de sa maison.

[1] AMELL Y BROCA, p. 342-343, § 197.
[2] L. 3, L. VI, t. III : «Por cuanto parece grande iniquidad que teniendo una persona hermanos ò hermanas ò otros parientes de parte de madre hasta en cuarto grado, y habiendo despues adquirido cualesquiera bienes por sucesion de madre, que despues muriendo la tal persona antes de llegar à la pubertad con *substitucion pupilar hecha* por el padre debieren los *bienes y heredad de la madre* ir en virtud de substitucion pupilar à otros hijos ò parientes del mismo padre y no de la madre ò otros parientes de parte de dicha madre».

padre pueda disponer por dicha substitucion pupilar entre ellos y no en favor de otras personas». De même pour les biens provenus du père aux enfants impubères : la loi 2 du même titre (an. 1363) défend qu'ils passent à un titre quelconque à la mère ou aux parents de la mère, sauf la légitime réservée à la mère et aux autres ascendants maternels [1].

CHAPITRE VI.

Succession ab intestat. — La succession ab intestat est régie d'une manière générale par le droit romain. Sauf à Barcelone, en vertu d'un privilège de Pierre III (constitutions de Catalogne, tome II; L. VI, t. I), et à Tortose, le principe de droit romain *nemo pro parte testatus, pro parte intestatus decedere potest*, trouve son application.

En second lieu, la succession ab intestat est *subsidiaire*; la règle générale, nous l'avons vu, c'est la succession testamentaire, c'est le sort du patrimoine réglé par l'institution contractuelle du contrat de mariage ou la voie du testament ordinaire. La consanguinité seule donne des droits à la succession ab intestat. L'affinité n'en confère aucun; seul le lien du mariage, sous certaines conditions et jusqu'à un certain point, établit entre les époux un droit mutuel de succession.

A côté de la succession ab intestat régulière, il y a la succession ab intestat irrégulière. Il y a lieu à cette dernière dans certains cas spéciaux et exceptionnels, emportant certaines atteintes aux principes sur lesquels repose la succession ab intestat régulière.

En certains cas, la loi fait plus que suppléer à l'absence de dispositions testamentaires du défunt; au risque de le gêner dans l'exercice de la liberté testamentaire, à laquelle est faite une part si grande, elle fixe elle-même les droits qu'auront sur sa succession les différents membres de la famille, et dont ils ne peuvent être privés par sa volonté sans raison légitime; ces droits forment ce qu'on appelle la réserve, la légitime.

Les personnes à qui compètent ces droits sont : 1° les descendants et les ascendants; 2° les frères; 3° la veuve pauvre. Je renvoie pour le détail de ces droits, en droit catalan, à l'excellent traité de Amell y Broca [2].

Je me contenterai de rappeler ici les résultats de l'étude que nous avons faite de la légitime des enfants à propos de la dot.

Nous avons vu : 1° qu'elle tend à n'être qu'un droit de créance sur le

[1] «Los bienes que hubieren provenido à los impuberes del padre o del abuelo o de otros de linea paterna, adquiridos por cualesquiera causa, muriendo dichos impuberes ab intesto, pasarán no a la madre u a los parientes mas immediatos de parte de madre, sinò à los dichos padres y otros mas immediatos de aquella parte la legitima reservada a la madre ò à los otros ascendientes de linea materna asi sobrevivieren.»

[2] T. II, p. 427.

ereu, le maître en titre des biens de la *casa;* 2° qu'en dépit des règles de
la succession légitimaire, l'autorité du *cap de casa* peut la réduire au minimum et à n'être presque qu'un semblant.

C'est donc le triomphe de la liberté testamentaire, joint au principe de
l'indivisibilité du bien de la *casa*, que consacrent dans leurs dispositions
fondamentales le droit andorran et le droit catalan; et c'est de ce point de
vue qu'il ne faut cesser de les considérer.

Nous allons en avoir une nouvelle preuve dans deux ordres de dispositions qu'il nous reste à étudier : les unes se rapportant à un *personnage*
équivalant à ce que nous appelons l'*exécuteur testamentaire*, le *marmessor;*
et les autres, à l'aliénation par acte entre vifs, à titre onéreux, des biens
qui composent le patrimoine familial.

CHAPITRE VII.

Le *marmessor*, c'est l'exécuteur testamentaire de notre ancien droit et le
nôtre. Le mot, en droit romain classique, *manumissor* n'a pas ce sens; il
désigne seulement celui qui affranchit. On trouve cependant, dans le Digeste,
l'indication de pratiques qui tendent à faire prendre au mot la signification
qu'il aura plus tard. La plupart des affranchissements se font à cette
époque de l'Empire romain par testament. Le maître récompense les bons
et loyaux services de ses esclaves en leur donnant la liberté, non de son
vivant, mais après sa mort. L'*heres* institué, chargé de les affranchir,
devenait leur *manumissor* et en même temps jouait le rôle d'exécuteur des
volontés du défunt. Plus tard quand, avec les progrès du christianisme, la
pratique des affranchissements se fut de plus en plus répandue, il n'y eut
pas une succession testamentaire où l'héritier ne fût grevé de la charge
d'affranchir la totalité ou une partie plus ou moins grande des esclaves
de la succession. Un titre du Code est consacré aux libertés fidéicommissaires: C. vii, 4; et le Digeste, après le titre : *de manumissis testamento*
(Dig. xl, 4), en contient un autre (titre VI), *de fideicommissariis libertatibus*,
composé de cinquante-six fragments plutôt longs. Il est visible que cette
forme d'affranchissement par fidéicommis a été fort usitée. Elle avait même
sur l'affranchissement testamentaire direct l'avantage de se prêter mieux à
des arrangements difficiles à réaliser du vivant du testateur ou même immédiatement après sa mort, et surtout de pouvoir servir pour les esclaves
d'autrui auxquels pouvait tenir le testateur : «nam non tantum propriis,
sed et alienis servis per fideicommissum libertas dari potest». Ajoutons que
les affranchissements par fidéicommis ne sont astreints à aucune forme
déterminée, et ne sont exposés à aucune cause de nullité.

Le rôle à jouer dans les affranchissements par le légataire et le fidéicommissaire était donc considérable à cette époque. Il arriva que légataires
et fidéicommissaires furent choisis surtout pour réaliser les affranchisse-

ments que le testateur avait en vue, qu'ils furent essentiellement de *manumissores*. Leur rôle ne se bornait pas, au reste, à ces affranchissemens d'esclaves; le fidéicommis pouvait être un mandat sans profit aucun pour mandataire, ayant indistinctement pour objet toutes sortes de dispositior en faveur du testateur : l. 88, § 1, D. xxxi : «a te peto, Titi, fideique tu committo, uti curam condendi corporis mei suscipias, et pro hoc tot aurec e medio præcipito : quæro an si Lucius Titius minus quam decem aurec erogaverit, reliqua summa heredibus proficiat? Respondi, secundùm ea qu proponerentur, heredum commodo proficere».

Ce caractère de mandat gratuit se retrouve encore dans la loi 13 D. xvii, 1 : «Idem est si mandavi tibi ut, post mortem meam, heredibu meis emeres fundum».

Sous les empereurs chrétiens, la pratique croissante des fondation pieuses et des distributions d'aumônes contribue encore à dégager plu nettement la notion d'accomplissement gratuit d'un mandat ayant pou objet l'exécution des dernières volontés pieuses du testateur.

Dans la novelle 131, *De ecclesiasticis canonibus et privilegiis*, ch. xi nous voyons apparaître des personnes chargées de pourvoir au rachat de prisonniers et de distribuer des secours aux pauvres.

Dans le cas où le testament ne désigne expressément personne pou remplir ces legs pieux, c'est l'évêque du lieu et son économe qui son chargés de ce soin; ils font l'office d'exécuteurs testamentaires.

Ces idées, adoptées par l'Église, ne cessent d'être en progrès aux siècle postérieurs et marquent profondément de leur empreinte la législation.

En Orient, une novelle de Léon le Sage (40) décide que le tiers de l succession du prisonnier mort en pays étranger revient à l'Église pour l salut de son âme, les deux autres tiers étant réservés au fisc. Quelque temp après, Constantin VII ordonne que si quelqu'un meurt ab intestat san enfant, le tiers de sa succession sera acquis à l'Église pour le salut de so âme (τῷ Θεῷ ὑπὲρ τῆς τοῦ τελευτῶντος ψυχῆς), et qu'aux parents e au fisc reviendront les deux autres tiers[1]. La *Peira*[2] et Harménopule connaissent également cette pratique de donner le tiers aux églises.

Il ne faut pas s'étonner après cela que le testateur ne s'en soit pas remi à ses héritiers du soin de remplir ces legs si onéreux pour eux et s trouvé plus sûr d'en charger un ami non intéressé dans la succession.

Dès le ix° siècle, en Orient, nous trouvons nommés des exécuteurs tes tamentaires, chargés d'acquitter les legs pieux et même de procéde au partage de la succession entre les héritiers. Ces exécuteurs figurent dans les textes sous le nom d'ἐπίτροποι, l'ancien mot pour désigner le

[1] *Zachariae*, Coll. III, nov. 12.
[2] *Peira*, XIV, 6, — XLVIII, 1. — LIV, 10.
[3] Harménopule, I, 18, 22. — V, 8, 78.

tutelle. Une scholie de l'Épanagoge, titre IX (scholie *a*), définit cette ἐπιτροπή : ἐπιτροπῆς... ὡς ἐπὶ τὸ πλεῖστον τῆς τοῦ τελευτήσαντος περιουσίας εἰς εὐσεβεῖς αἰτίας διανομῆς. La novelle 68 de Léon (coll. II) mentionne très nettement ces ἐπιτρόπους, et la novelle 66 parle des «ἐπιτροπικαὶ τοιαῦται διοικήσεις καὶ εἰς εὐσεβεῖς αἰτίας διανομαί».

On peut nommer comme exécuteurs testamentaires aussi bien plusieurs personnes qu'une seule. Les moines et religieux qui sont déchargés de l'office de tuteur ne le sont pas de cette tutelle particulière.

Enfin les attributions de ces exécuteurs peuvent être plus ou moins étendues. Parfois ils administrent toute l'hérédité du testateur et président à tout son emploi [1].

L'épitrope fait inventaire en présence des légataires et des autres intéressés. Il ne doit pas dépasser les pouvoirs qui lui sont délégués, et il a la main seulement sur cette partie de la succession dont l'administration et l'emploi lui ont été expressément confiés. Le reste est laissé à la libre disposition des héritiers.

La marche uniforme à suivre par lui dans l'accomplissement de ses fonctions est la suivante : il paye les dettes du testateur, répare les torts dont il peut s'être rendu coupable, puis alors seulement, — lorsque les créanciers et les personnes lésées ont été désintéressés, — au plus tard quatre ans après le décès du testateur, il passe à l'accomplissement des autres legs [2].

Manuel Comnène donne son dernier trait à l'institution en créant une procédure spéciale plus sommaire et plus expéditive en faveur de l'exécuteur testamentaire, qu'il s'agisse pour lui d'action à exercer contre autrui ou d'être poursuivi lui-même [3].

En Occident, l'institution se présente sous le même aspect. Beaumanoir, *Coutumes de Beauvaisis*, ch. XII. Des testaments; liquel valent et liquel ne valent mie [4] : «L'exécuteur est mis en possession des biens du décédé». Un de ses premiers devoirs est «à paier les debtes et à rendre torfais». § 32. «Il loist bien as hoirs de celi qui fet testament qu'il demandent conte as exécuteurs des biens qu'ils orent par le testament accomplir, et se li oirs n'en demandaient pas conte, se le doit demander li quiens ou li evesques et contraindre les exécuteurs à ce qu'il en facent lor avenant».

Le *marmessor* de la coutume andorrane, c'est l'ἐπίτροπος des textes byzantins, l'exécuteur testamentaire de Beaumanoir, le *trustee*, l'*executor* du droit anglais, tout spécialement chargé de veiller à l'accomplissement de

---

(1) Voir *Peira*, XVI, 9.

(2) *Peira*, XVI, 12, et HARMÉNOPULE, V, 12, 23, qui dit après elle ὅτι ἐκ συνηθείας ἐπὶ τετραετίαν ἔχουσιν ἀνάγκην οἱ ἐπίτροποι παρακατέχειν τὰ πράγματα τοῦ τελευτήσαντος διὰ τὰς ἴσως ἀναφυομένας ἐνοχάς.

(3) *Nov.*, c. III, nov. 66, § 6.

(4) §.2, 26, 27, 30, 32, 33.

4.

legs pieux en faveur de l'âme du défunt. C'est à propos de fondations pieuses que nous le voyons surtout apparaître.

Dans un testament du 22 décembre 1784, par exemple, le testateur fait une fondation qui consiste en messes à dire pour le repos de son âme : «vull sien fundadas missas resadas de caritat quiscuna set sos y deniers Barc. en tant que bastien mos bens... semmaneras ó mensals per allo que dits mos bens podrian bastar». — Comment, par qui s'organise cette fondation? Par les marmessors X et Y : «Per les marmessors X et Y ab authoritat y decret del molt Ill° capitol de canonges prelats de la iglesia de Urgell, la sede episcopal vacant eo Ill° vicari general y official».

Les termes employés pour exprimer la façon dont se réalise la fondation sont les suivants : «Donam (nous les *marmessors*), oferim, assignan et consignan a Deu notre senor y a dita pia fondacio y per ella al reverent D° en theologia Joan Sarret Frère y vicari perpetuo de la Parrochia de Canillo present y baix acceptant y als seus successors 1° un censal, 2° les revenus d'un pré affermé».

D'où provient le *censal* que les *marmessors* donnent pour soutenir la fondation? En quelle qualité en disposent-ils? — Le *censal*, c'est-à-dire la rente foncière, que les *marmessors* donnent, a été acheté par eux sur les produits de la vente aux enchères publiques, dont ils ont été chargés, des biens du testateur. Le testament du défunt porte, en effet «volent que per dits marmissors despues de seguida ma mort sia pres inventari de nos bens y aquells en lo encant public venuts y al mes donant de qualsevol specie sian y del resultant de ells, pagas mes deutes... et vull que sien fundadas misses resadas».

Le même procédé se trouve indiqué, semble-t-il, dans un acte du 20 décembre 1784 (Soldavilla) : Primus vend un *censal* à Joan Serret de Canillo et à X et Y «en qualitat de marmessors y executors del testament y ultima voluntat del q° Rñt Père Armany de Canillo comprant y adquirant en nom y utilitat de la marmessoria — mediant la authoritat y decret del molt Ill° S° vicari general y official d'Urgell baix et a part interposados y de *deners procehits dels effets de dita Marmessoria* — presents y als seus en la mateixa marmessoria successors». Les *marmessors*, pour acheter le *censal*, ont dû ici, aussi, commencer par réaliser les deniers nécessaires.

La plupart du temps, les rentes foncières qu'on achète pour les affecter à la fondation, le sont avec les deniers laissés en mourant par le testateur mais toujours ce sont les *marmessors* qui sont chargés de l'achat. — Achat de rentes foncières, de *censal* (acte du 18 février 1824 : Moles) par le prêtre de Canillo et J et Y en «lo nom de *marmessors* testamentari de Rose X acquérant y comprant a favor de la dita marmessoria y de deners propis de la mateixa Rosa». — Vente analogue de *censal*, par acte du 22 décembre 1784 (Soldavilla) au vicaire perpétuel de Canillo et deux habitants de la paroisse «en qualitat de marmessors y executors testamentaris del Pages de Canillo

comprant y adquirint en nom y a obs de la dita Marmessoria le vicari y
als seus en dita marmessoria sucessors». Dans ce même acte, je relève
l'expression remarquable de *«marmessors de la anima* y executors del testament y ultima voluntat» du défunt.

Une sentence du *batlle* Anton Armengol, du mois de février 1866 [1], vient
préciser ces notions en distinguant entre «les *albaceas ò marmessors* particu-
lars» et les «*marmessors* generals», les premiers à la différence des derniers
«no poden ni deven cuidar de altra cosa que de cumplir ò fer complir los
suffrages y demes disposicions piàs del testador». La sentence distingue
ensuite entre les *marmessors* et les *tutors y curadors*. Les charges de la
«marmessoria» et de la «curatoria» peuvent, il est vrai, se trouver réunies
en les mêmes personnes; mais elles n'ont, pour cela, rien de commun.
C'est seulement en qualité de *tutors y curadors* qu'ils «poden responder
de las obligacions de la herencia y vendrer y gravar bens de la mateixa
para poder las complir». — Les *marmessors* sont d'ordinaire au nombre de
plusieurs. Alors «lo encarrech fou fet a tots los nombrats y no a cada un
de ells en particular; per qual motiu junts estan facultats per desempenarlo
a menos que per mort, impossibilitat o be separacio legal dels altres, no se
queda sino un que vulguà acceptar : puig en tel cas reunis est en si sol
totas las obligacions, drets e facultat de la marmessoria».

J'observe que «marmessoria» désigne ici l'ensemble des charges à remplir, ce pourquoi a été nommé le *marmessor* : ce que nous appellerions, en
droit français, du nom abstrait d'exécution testamentaire; comme nous
disons la tutelle, la curatelle. En d'autres endroits, le terme *marmessoria*,
par un certain rétrécissement du sens, arrive à ne plus signifier que «une
fondation», une «fondacio pia» précise, concrète, «*disposicio pia* del testador»; comme dans l'acte du 22 décembre 1784 : «les marmessors com-
pran, acquirint en nom y a obs de *dita Marmessoria* lo vicari et els seus
en dita marmessoria successors».

Enfin l'exécution testamentaire pouvant embrasser toute l'hérédité du
défunt, le *marmessor* est exécuteur pour toute l'hérédité, la herencia : «las
obligacions de la herencia», est-il dit dans la sentence de Anton Armengol
de 1866; et la succession elle-même tout entière, à laquelle il est commis,
prend le nom de *marmessoria*. Dans la vente de *censal* du 22 décembre 1784,
les *marmessors* assurant à une fondation les ressources nécessaires, «per
compliment de totas las sobreditas cosas obligan al mentionnat Reñt vicari
perpetuo y a sos successors tots los bens y drets de *dita marmessoria*, mobles
y immobles haguts y per haver».

Les *marmessors*, dans ce dernier cas, sont des *marmessors* à titre universel; ils tiennent lieu et place des héritiers, comme dit Elias [2], ou mieux,

---

[1] Archives d'Andorre, travée 2.
[2] *Droit civil catalan*, § 4620.

du défunt. Ils disposent de toute son hérédité, suivant ses instructions, comme pourrait faire ce défunt lui-même; ils jouissent parfois de la plus haute prérogative qui puisse appartenir au père de famille dans cette société reposant sur la liberté testamentaire : la faculté de nommer, à la place du père, l'héritier de la *casa*, l'*hereu*. Le *cap de casa* délègue à un tiers, à son exécuteur testamentaire, le droit de désigner son héritier; et cette délégation apparaît le digne et naturel couronnement des autres institutions tendant toutes à assurer dans cette société à la liberté testamentaire le rôle le plus large.

Ce *marmessor* général peut être aussi bien un parent du testateur, ou sa femme qu'un étranger. Les actes sont nombreux où le défunt confie à sa femme le soin de nommer l'héritier. Nous avons déjà cité dans ce sens une sentence de *batlle* du 5 mai 1900 : «com lo ultimo amo de dicta casa mori intestat y la sua esposa incomana lo nombrament de hereu...». — Non moins nombreux sont les actes où la désignation de l'héritier est abandonnée à un *marmessor* tout exprès nommé pour cela. C'est le cas qui s'offre dans une sentence du *batlle* de 1899 que nous avons également citée. Le défunt qui a un fils en France et un autre auprès de lui, cultivant et administrant le bien, laisse à un *marmessor* la charge de choisir entre ces deux fils l'héritier de la *casa*.

C'est encore en qualité de *marmessors* qu'agissent, dans un acte du 2 août 1784 (Soldavilla), les deux proches parents que le testateur charge de désigner l'héritier : «Volem que un parent mes propinque de cada part lo eligescan aquell ou aquella que recognosceran mes apte per lo regimen de sos bens».

Mieux que tout, ce nous semble, ce grand rôle des *marmessors* met en lumière toute l'importance du principe de la liberté testamentaire dans la société andorrane. C'est vraiment sur ce principe que la société repose dans ces vallées. De même que les légitimaires n'ont qu'un droit de créance sur l'*hereu*, sur la succession du *cap de casa*, l'*hereu* lui-même n'a pas proprement de droit réel sur les biens de la *casa*, il a le droit que lui confère la désignation expresse du *cap de casa* auquel il succède. Le principe des pays coutumiers que le «mort saisit le vif» (Beaumanoir : XII. Des testaments, § 2) est ici tout à fait inconnu. L'*hereu* n'a sur les biens de la *casa* qu'un droit tout à fait éventuel, subordonné à la désignation du *cap de casa* actuel ou de ses représentants. Quand le *cap de casa* est mort et que l'*hereu* n'est pas nommé, l'héritage comme l'*hereditas* romaine est *res nullius*. Le seul droit persistant, toujours le même, quels que soient ses titulaires successifs, c'est celui de la *casa* elle-même, qui doit être envisagée comme une personne morale. C'est de la *casa* que dépendent les maisons, les terres, les créances; à défaut de titulaire désigné, c'est elle qui est réputée la véritable maîtresse de chacun des biens qui constituent le patrimoine. — Nous avons une preuve que c'est bien là l'idée, qu'il convient de se faire de la nature du patrimoine familial dans le rôle que joue en Andorre l'institution de la vente à réméré, dont je ne puis me dispenser de dire un mot.

CHAPITRE VIII.

A. Presque toute vente de biens, en Andorre, est faite sous la condition résolutoire que le vendeur ou ses héritiers indéfiniment pourront, quand il leur plaira, racheter la chose vendue. Restitution faite du prix à l'acheteur, la chose fait retour au vendeur. Dans les pays de féodalité, les lods et ventes en cas de vente à réméré ne sont payés qu'une fois; il ne saurait être question de cela en Andorre, où la féodalité est inconnue. Il y a toutefois plusieurs choses à remarquer. 1° La première, c'est que l'acheteur, menacé de cette résolution possible de la vente, ne paye pas aux vendeurs le prix intégral de la chose. On admet que la chose vendue se trouve, par cette résolution éventuelle du contrat, dépréciée d'un cinquième. 2° La seconde, c'est que ce retrait s'exerce indéfiniment.

La majeure partie des procès ont pour objet l'exercice du droit de réméré. Il suffit, pour s'en convaincre, de parcourir les registres des sentences des *batlles.* Cinquante, cent, cent cinquante, deux cents ans après la vente originaire, on fait décider si l'*hereu* d'une *casa* a un droit de réméré sur une parcelle de terre de un are ou deux ou quelquefois moins, et l'on comprend que ce n'est pas chose facile. Le demandeur, qui veut exercer le retrait, est-il bien le droit successeur de l'*hereu* qui a vendu le bien ? Ce bien même que l'on réclame est-il celui que l'on a vendu jadis? Un éboulement, le déplacement du lit du torrent ont pu modifier la physionomie des lieux, ou même, sans cela, le jeu naturel des transactions économiques, si rares et lentes qu'elles soient dans cette société éminemment conservatrice [1]. 3° Ce droit de réméré de la *casa* du vendeur, qui représente, cela ressort de ce que nous avons dit, le cinquième de la valeur vénale de l'objet vendu, ce droit de réméré, comme tout autre droit pécuniaire, est transmissible à des tiers par actes entre vifs; il peut se vendre, se donner [2]; et même, lui aussi, il peut se vendre «à carta de gracia» : «me ès arbitrable vender perpetuamente, o à carta de gracia el derecho y facultad de luhir [3] [4]».

---

[1] Il semble que la législation romaine ait connu à une certaine époque ce réméré perpétuel, mais qui était plutôt de nature conventionnelle (l: 2, C. J. IV, 54). «Si fundum parentes tui ea lege vendiderunt ut sive ipsi sive heredes eorum emtori pretium quandocumque vel intra certa tempora obtulissent, restitueretur.» Cf. encore l. 7, C. J. IV, 54.

[2] Morello, t. I, p. 75; p. 124-125.

[3] *Ibidem,* p. 125.

[4] Les pays de droit coutumier connaissent également cette vente à réméré, et cette vente ou transmission entre vifs du droit de réméré lui-même. Dumoulin,

Voici comment une sentence de Pallerès, agissant comme *baille*, définit et explique la nature du droit de l'acheteur «a carta de gracia» sur la terre vendue : «Considerant que lo posebedor de una finca a carta de gracia *la poseheix de uno modo precari y incert per cuant lo feu* ab condicio de que en cualsevol temps y cas se lo pot reinvindicar mediant la restitucio del preu».

Un acte du 20 juin 1785 complète la définition. La terre sur laquelle s'exerce le réméré a été vendue ou plutôt cédée en payement d'une dette de 56 livres 2 sols. L'acte revêt le caractère d'une vente, la dette représentant le prix. Dans le cas de restitution de prix par le vendeur (je veux dire de payement de la dette), ce dernier rentrera en possession de son bien; et, si par hasard l'acheteur ne voulait pas se dessaisir, le vendeur aura la faculté de «*prenderla de sa propria authoritat ab clausula de constitut*, cessio de tots drets y actions».

Il faut ajouter, pour finir, que ce droit de rachat se rencontre même dans les ventes faites par autorité de justice. C'est un principe incontestable; et une sentence du *baille* toute récente (du 31 juin 1900), qui consacre la règle, donne sur la question quelques brèves indications historiques des plus importantes. Primus demande à racheter une terre judiciairement adjugée à Secundus en payement d'une créance de 78 livres. Le demandeur est débouté de sa demande sur ce que, dit la sentence, «la lley que establis en la vall la facoltat de recobrar las fincas adjudicadas judicialment es de l'any 1785 y la adjudicatio de la terra Rubinat (dont il s'agit) tingué lloch lo any 1763 y que no conste que avant del any 1785 puguessen recobrarse las fincas adjudicadas judicialment, no pot aplicarse lo decret del bisbe Voltas per quo las lleys no poden produir efecte retroactiu». Les moyens produits par le défendeur, détenteur de l'immeuble, ne sont pas moins intéressants à noter : « consta que es de dret general que tota venta feta per via judicial es perpetua sens dret ni carrechs subsequents... y que questa doctrina es sancionada per la lley consuetudinaria y tingué sempre forsa de lley hasta... decret del Bisbe *Boltas* per lequal s'establi que las fincas cedidas ó adjudicadas encara que per autoritat de cort, tindrian recobro»; et le défendeur explique que l'ancienne coutume antérieure au décret de l'évêque Boltas «consignada en lo Manual Digest, sols concedia un plazo d'un any y un dia per la redemptio dels immobles [1]».

dans son commentaire de la *Coutume de Paris*, § 13 (p. 250), consacre tout un paragraphe à nous montrer comment : «Venditio juris redimendi feudum non cadit in retractum feudalem, licet cadat in retractum proximitatis», et pose le cas d'un vassal vendant pour 500 sous d'or son fief qui en vaut 1,000 «sub facultate redimendi usque ad septem annos», et qui, ayant encore besoin d'argent dans la suite, «vendidit Caio pro aliis quingentis dictum jus et facultatem redimendi».

[1] Une autre sentence du 21 février 1867, du *baille* Isidoro Gali, semble viser, elle aussi, la même législation antérieure à 1785. Le défendeur, celui qui ne veut pas laisser s'exercer contre lui le réméré, s'appuie sur une sentence de justice

Depuis 1785 la vente judiciaire est, en ce qui concerne le droit de réméré perpétuel, assimilée à la vente faite à l'amiable. Une différence toutefois, c'est que, comme il s'agit de désintéresser le plus possible les créanciers, la dépréciation de la terre vendue, fixée pour les ventes ordinaires au cinquième de sa valeur, à dire d'experts, de «périts», se trouve pour les ventes judiciaires réduite à 5 sous. Cette somme de 5 sous n'a plus qu'une valeur récognitive du droit de réméré dont la vente est grevée.

Quel est avant 1785 l'état de la législation? Le débiteur exproprié a-t-il, pour racheter son bien, un an et un jour, comme le feraient croire certains mots de la sentence du 31 juin 1900? La vente par autorité de justice ne connaît-elle pas du tout le rachat?

Quoi qu'il en soit, le principe qui prévaut dans la législation andorrane, c'est que l'aliénation d'un bien, qui a une fois appartenu à une *casa*, n'est jamais absolue, et qu'elle se fait toujours avec l'arrière-pensée que ce bien fera retour un jour ou l'autre à la *casa*. L'aliénation du bien n'est qu'un expédient dans le cas de grave nécessité. La plupart des lois barbares l'envisageaient du reste ainsi [1]. Le droit perpétuel de rachat de la législation andorrane, et autres législations congénères [2] joue un rôle analogue à celui que joue dans les pays de droit coutumier l'intervention nécessaire des enfants et des parents dans les aliénations à titre onéreux faites par le chef de famille. Il défend l'intérêt du groupe contre les erreurs d'administration de l'administrateur momentané du bien familial. Cet administrateur est tout-puissant; son pouvoir, tout voisin de celui du *pater familias*, n'admet pas, comme celui du père de famille des pays de droit coutumier, la limitation du conseil de famille; il a fallu ménager contre son omnipotence un recours et un remède d'une autre sorte : ce remède est le *réméré perpétuel*, qui permet à toute époque à un chef de famille énergique et habile de rétablir la *casa* dans son premier éclat. Ce droit perpétuel de réméré est donc bien dans l'esprit de la législation que nous analysons; il donne son dernier trait à la notion de la *casa*, de l'*hereditas*, considérée comme personne morale. C'est la *casa* qui est la véritable *domina* des biens, la titulaire du droit de réméré. Pour savoir si une demande de rachat est justifiée, il faut rechercher de quelle *casa* a dépendu originairement le bien et si le demandeur est le représentant, l'*hereu* de la *casa* en question.

du 11 avril 1771 qui adjuge le bien : «justifiquiera lo agent la derivatio de Miquel Barbangac y oposa la exceptio que per *haber sigut entregate dite bens per execucio de justicia no hi ha lloch à la quitacio*». Le *batlle* donne néanmoins raison au demandeur comme si le décret de Boltas avait un effet rétroactif.

[1] *Lex Burgundionum*, l. 84, § 1; et l. 51. *Lex Wisigothorum*: L. V, t. 4, § 19. *Lex Frisionum*, c. 64 : «si hereditatem suam necessitate coactus... vendiderit».

[2] Dans les autres pays qui ont connu la vente à réméré, le réméré ne peut s'exercer que dans les trente ans. Passé ce délai, le vendeur ni ses héritiers ne peuvent retraire le bien.

C'est la doctrine que nous trouvons consignée dans une sentence du *batlle* Jaume Cassá, du 4 mai 1857, en ces termes : «considérant que lo agent (demandeur) ha justificat plenament ab documents authentics que es *hereu* y *successor universal* y *direct* del referit Areny (le vendeur primitif) y que lo defendant no ha negat que fos posesor de las fincas reclamadas ni ha impugnat la identitat de las mateixas».

B. Le réméré avec sa perpétuité et la généralité de son emploi forme un trait propre de la constitution juridique de l'Andorre.

Il est une autre institution qui, sans être particulière à l'Andorre, s'est développée dans ce pays dans le sens tout à la fois le plus original et le plus conforme à sa nature, et qui a le plus servi, comme la vente à réméré, à retenir dans la sphère des biens de la *casa* ceux qui y sont une fois entrés. Je veux parler du contrat de constitution de rente, celui que les théologiens appellent *Contractus census* et qu'on appelle en Andorre et en Catalogne le *censal*.

On connaît la nature idéale [1] de ce contrat, et à quelle nécessité juridique et sociale il répond au M. A. Le prêt à intérêt étant interdit par la loi canonique, l'instinct social et les nécessités de la pratique durent trouver d'autres moyens licites capables de donner satisfaction à ce besoin d'un minimum de commerce d'argent inséparable de la vie de société. La vente à réméré fut un de ces expédients employés pour se procurer de l'argent sans compromettre irrémédiablement l'avenir. Championnière dira de la vente à réméré (*Dictionnaire des droits d'enregistrement*, V° *vente :* § 3) : «La vente à pacte de rachat n'est pas une vente dans l'intention des parties, quoiqu'elle en ait la forme et les effets... (§ 4.) Elle consiste dans une vente ou dans un prêt, suivant que le retrait est, ou non, exercé dans les délais... (§ 3.) Elle tient aussi du contrat pignoratif, avec lequel elle ne doit pas cependant être confondue. On voit l'étroite parenté de la vente à réméré et du *prêt avec gage*. L'acheteur prêtait son argent, le vendeur donnait comme gage son immeuble, et reprenait l'immeuble quand il pouvait rendre l'argent».

La vente à réméré avait l'inconvénient, à une époque où la plupart des revenus devaient être tirés du sol et de l'exploitation agricole, d'enlever au vendeur, c'est-à-dire à l'emprunteur, ses seuls moyens d'existence et d'enrichissement. L'instinct social, conseillé et éclairé par l'esprit de charité de l'Église, trouva, pour remédier à cet inconvénient, le contrat de cens. On laissa subsister le principe de la vente à réméré : l'emprunteur continua à recevoir son argent contre abandon de l'immeuble à titre de gage qu'il pût dégager à sa convenance, moyennant restitution de la somme em-

[1] Cf. PLATON (G.), *La démocratie et le régime fiscal.* Paris, Giard et Brière, 1899, in-8°, p. 226-233.

pruntée. Mais le gage, au lieu de passer en fait des mains de l'emprunteur dans celles du prêteur, resta en la possession du premier, qui put continuer à travailler, à exploiter l'immeuble engagé moyennant abandon d'une partie du revenu. Le prêteur, devenu propriétaire ou détenteur gagiste de l'immeuble, faisait de l'emprunteur une sorte d'associé, qui apportait son travail, tandis que lui-même fournissait l'immeuble représentant l'argent du prêt consenti. Ainsi était tournée, pour le plus grand avantage de tous, et d'une façon très correcte, la proscription absolue de l'usure par le pouvoir religieux.

Ce contrat de rente jouait, nous l'avons dit, au point de vue de la conservation des biens dans la même famille, le même rôle que la vente à réméré. Il permettait, lui aussi, au chef de famille industrieux de recouvrer la propriété du bien perdue pour gager un emprunt.

Le *censal* andorran et catalan est notre contrat de rente constituée. « Vendo y originalmente creo al Andrès comprando y acquiriendo a nombre y utilidad del relatado beneficio, con autoridad y decreto del Ill° y muy R. Señor Auditor de la Curia del Vicariato eclesiastico de la presente ciudad y obispado de Barcelona, — y por el presente el Notario bajo escrito y a sus sucesores en el espresado beneficio, — mediante perpetuamente carta de gracia, nueve libras moneda Catalana en pension de censal habedera y cobradera annualmente de mi y mis bienes del dia presente à un año procsimo y despuès consecutivamente los demas años durante este censal en igual término... Y que dentro de cinco años procsimos y despues siempre que fuere requirido, majoraré las obligaciones de este censal dando nuevas especiales obligaciones..., ò dos ù mas fiadores idoneos à satisfaccion del mismo Reverendo comprador: lo que nò compliendo quiero incidir en la pena de semejantes tres cientas libras aplicaderas en luhicion de esta censal, pagaderas primeramente sus pensiones y porrateo debidas, junto con las costas... El precio de este censal, es tres cientas libras moneda Catalana à fuerò de 3 por ciento... Dandòle facultad para que en caso de debersele dos ò mas pensiones de este censal, *pueda vender la casa especialmente* hypothecada y formar la venta con las clausulas estiladas : y del precio que resultare satisfacerse en todo lo que se debiere, y se algo faltare : prometo de mis bienes hacerle el debido cumplimiento, y generalmente, sin perjuicio de la relatada especial hipoteca, obligo todos mis bienes muebles y sitios, presentes y futuros, derechos y acciones... Renunciando à la lley que dice que primeramente se haya de pasar per la cosa especial que por la generalmente obligada...

« Y renunciando por pacto à mi propio fuero, sometiendome al fuero del Escellentissimo Señor Corregidor de Barcelona (y al de otro cualquier superior secular) solamente con facultad de variar de juicio.

« Firmando escritura de tercio, bajo pena de tercio en los libros de los tercios de las curias del nominado Señor Corregidor (y de otro qualesquier superior secular).

«Obligando para ello todos mis bienes y derechos ante dichos [1].»

Les circonstances de la création d'un *censal* peuvent varier. La formule de la page 66 du Formulaire de Morello vise le cas suivant : Un individu achète, à titre de vente perpétuelle, sans pacte de rachat, et sans réserve d'aucun droit, une maison. Le prix de la vente est de 600 livres, dont l'acheteur ne paye que la moitié. 300 livres restent dues au vendeur.

Le vendeur se considère comme payé de la vente de la *casa*; il livre la maison à l'acheteur, mais il est censé avoir prêté à l'acheteur les 300 livres qui lui restent dues, à condition que ce dernier lui constitue un *censal* sur la maison vendue.

En réalité, le *censal* devrait être constitué sur la moitié payée de la maison, qui appartient en propre à l'acheteur. Mais, pour accroître ses sûretés, le vendeur aime mieux constituer le *censal* qui lui est dû sur la maison entière; et même il fait dépendre le plein effet de l'acte de vente de la condition suspensive du rachat du *censal*, c'est-à-dire du payement des 300 livres qui lui restent dues : «durante el cual [censal] el dominio y posesion de aquella [casa] que vendo no pasen al dicho comprador antes *bien quedan en mi poder al efecto de defender el dicho censal*... Separando ahora, para cuando venga el caso de ser finido el pacto y reserva antecedentes, la dicha casa vendida de mi dominio y poder; transfiriendo la en dominio y poder del nombrado comprador para que, *despues de verificada la luhicion del dicho censal* la poseha pacificamente y de ella haga lo que le pareciere; prometiendo ahora para entonces entregarle posesion real, corporal, actual ò cuasi; concediendo le facultad para que en aquella ocasion, de sa propria autoridad, se la pueda tomar y retener, con clausula de constituto....». — Jusqu'au rachat du *censal*, à s'en tenir strictement aux termes de la formule, l'acheteur n'a qu'un droit précaire et dérivé; il n'a ni le «dominio ni la posesion», parce qu'il n'a pas reçu du vendeur la «posesion real, corporal, actual ò cuasi»; il ne peut disposer de la *casa* d'une manière valable, cette *casa* ne rentrant pas dans son patrimoine et ne pouvant être le gage de ses créanciers [2].

Quelle est la nature de l'assignat du *censal*? le genre et la portée des sûretés qui sont stipulées? A s'en rapporter à certaines expressions des deux dernières formules, assignation emporterait vente. Le «dominio» et la «posesion» seraient aux mains de l'acheteur du *censal*. Le droit du vendeur du *censal* semble n'être qu'une possession précaire (p. 68, 71, et aussi 252), subordonnée à l'exact payement de la rente représentant le prix de la tenure.

[1] Voir Morello, t. I, p. 249.
[2] Voir la suite de la formule.

Dès que cette rente n'est plus payée, le droit du détenteur à titre précaire s'évanouit, et le vrai propriétaire, qui est l'acheteur de la rente, rentre dans son droit de propriété «concediendoli facultad para que de sa propria authoridad, se la pueda tomar y retener, con clausula de constituto y precario».

En réalité, il n'en est pas ainsi. Ce droit, pour l'acheteur de la rente, de se mettre de sa propre autorité en possession de la chose assignée, n'est qu'un droit de saisie extrajudiciaire, destiné à préparer le payement des arrérages échus par exécution sur le bien. La formule l'indique aussitôt : «dando la facultad para que en caso de debersele dos o mas pensiones de este censal, pueda vender la casa specialmente hypothecada y firmar la venta con las clausulas estiladas». Ainsi dans notre très ancien droit, les seigneurs pouvaient, dans le cas de non-payement des rentes foncières par leurs tenanciers, se saisir eux-mêmes de l'immeuble chargé de rentes [1].

En dépit des affinités du *censal* avec la vente à réméré, le droit de l'acheteur de rente sur l'immeuble assigné n'est, dans la pratique plus récente, qu'un droit d'hypothèque : «prometiendo en fuerza *de esta special hypotheca* entregar al comprador posesion de la casa especialment obligada... y se declara que de esta escritura debe tomarse razon en la oficina de hypothecas». La faculté pour le créancier de se mettre lui-même en possession de la chose hypothéquée, c'est simplement *l'exécution parée* des contrats d'obligation de notre ancien droit [2].

La saisie aboutit toujours à la vente de l'immeuble gagé ou hypothéqué et au payement du créancier sur le prix, jamais elle ne tend directement et normalement à faire adjuger au créancier la propriété de la chose gagée [3].

[1] LOYSEAU, *Traité des seigneuries*, ch. x, § 44 : «Ces saisies que des seigneurs font de leur autorité ne sont pas actes de justice, qui se fassent avec connaissance de cause, mais sont exploits domaniaux, c'est-à-dire des actes de seigneurie privée : *factum domini de re sua utentis*». — CHAMPIONNIÈRE : *Traité des eaux courantes*, cite Jean Favre, mort en 1340, «qui testatur hunc morem de consuetudine Francice; domini directi pro censibus eorum habent facultatem saisiendi et vadiendi». Cette prérogative allait autrefois jusque-là qu'il était permis au seigneur d'exploiter lui-même, ou par ses domestiques ou serviteurs. Mais, depuis, «il est besoin, ajoute le commentateur, que la saisie soit faite per un sergent de la justice ordinaire».

[2] Voir LOYSEAU, *Déguerpissement*, l. III, ch. II : «En France nous n'avons que faire d'intenter l'action hypothécaire contre le débiteur ou obligé. Car nos contrats ont exécution parée quand ils sont passez sous sceaux royaux par les domiciliés sous iceux. Quand ils ne sont pas passez dans ces conditions, on les fait déclarer exécutoires par le juge, et lors on saisit l'héritage».

[3] En droit romain, il en était ainsi; l'acte conduisant à ce dernier résultat était moins une hypothèque proprement dite qu'une vente conditionnelle.

Quelque éloigné de la vente à réméré que soit à la fin de ses trans-
formations le contrat de constitution de rente, il remplit jusqu'au bout
le rôle, analogue à celui de la vente à réméré, que nous avons indiqué [1].

Grâce à ces deux institutions de la vente à réméré et du contrat de
constitution de rente, on peut donc dire que la déchéance des familles n'est
jamais définitive et qu'on peut toujours, au cours des âges, voir se recon-
stituer l'unité des biens de la *casa*. On ne saurait s'empêcher de reconnaître
dans ces pratiques des dispositions éminemment conservatrices et em-
preintes d'une haute pensée de prévoyance sociale.

CHAPITRE IX.

A. Le rôle du *censal* ne se borne pas à servir à la conservation du bien
dans la famille [2]; c'est un rôle large, qui déborde la sphère de la famille
pour servir de support à des réalités plus hautes, dont il nous faut parler
si nous ne voulons laisser trop incomplet notre tableau du régime des
biens.

Ces réalités d'un ordre supérieur sont les fondations. Grâce au *censal*,
les fondations de toute sorte, tout comme la propriété collective, ont pu
se développer en Andorre, y pulluler pour le plus grand bien de tous,
sans compromettre la liberté des générations futures. Comment cela ? —
La faculté de rachat, qui reste indéfiniment ouverte pour les héritages
grevés de *censals*, a rendu impossible l'accaparement de la terre. Les mœurs
conservatrices des populations, l'horreur de la dette que favorise la rigueur
du droit s'exprimant dans l'ancienne et rigoureuse procédure des *scripturas
de terç*, répugnent d'autre part à un développement exagéré des *censals*. La
contrée semble ne pouvoir en absorber qu'une certaine quantité toujours
la même. C'est un fait, qui ressort nettement des textes, que trois fois sur

L'immeuble hypothéqué vendu, qui ne rencontre pas d'acquéreur, peut être
adjugé au créancier, mais avec une répugnance visible du droit et combien de
précautions! V. l. 16 § 9, D. XX, 1. — L. 2, 3. C. J. VIII, 34. — L. 4. D.
XIII, 7, et *Institutes*, L. II, t. 8 § 1.

[1] Je n'en dis pas davantage sur le mécanisme juridique et les rouages secon-
daires de l'institution du *censal* : la raison et le rôle du *titre novel* exigé d'ordinaire, semble-t-il, si l'on en croit les formulaires, tous les cinq ans; l'emploi
ordinaire des fidéjusseurs «dos o mas fiadores» : (*Formulaire*, p. 25e, p. 69, et
novelle 4 de Justinien, § 1 et 2); le rôle et la responsabilité de ces fidéjusseurs;
enfin les garanties dernières les plus originales : la désignation commune par le
prêteur et l'emprunteur d'un certain tribunal pour connaître de l'exécution du
contrat (*Form.*, p. 253 et 71) et l'établissement d'une scriptura de terç : «firmando
escritura de tercio bajo pena de tercio, en los libros de los tercios de las curias».

[2] La Mitre consciente de ses devoirs, semble avoir obtenu ce résultat qu'en
fait, le taux d'achat de la rente n'ait jamais dépassé 5 p. o/o.

quatre, l'argent prêté au vendeur du *censal* provient du remboursement d'un prêt antérieur.

Par exemple : «Jo vench à X., consol minor d'Angordany y consellers X et Y prohoms com a commissionats dels consells de quart de las Caldas comprant y adquirint en nom y utilitat del mateix quart y de *deners proce-dens de la lukicio y quittacio* de tot aquel prat...», dit un acte du 10 mai 1796 (Soldavila). Les «deners procedens de la luhicio y quittacio» de tel ou tel bien sur lequel était hypothéqué le prix du *censal* remboursé, disent les formulaires.

En second lieu, c'est *par le censal, sous les espèces,* pour ainsi dire, du *censal,* que se réalise la *fondation.*

La fondation, c'est essentiellement l'affectation perpétuelle d'un revenu à telle ou telle œuvre philanthropique ou pieuse, dont la réalisation néces-site certaines dépenses à peu près fixes.

Or seul l'argent prêté présente cette fixité de revenu. On assoira donc de préférence et presque exclusivement la fondation sur le *censal.* Tantôt le *censal* affecté à la fondation sera acheté sur le prix qui vient d'être rem-boursé par un censaliste qui se libère; nous venons de dire que c'est très souvent le cas. Tantôt le prix du *censal* provient des deniers du défunt qui fait la fondation.

Dans un acte du 20 décembre 1784, par exemple, X crée un *censal* en faveur de «Joan S., prestre y vicari perpetual de Canillo, et de R et Y, en qualitat de marmessors y executors del testament y ultima voluntat del q° R° Frere Armany de Canillo comprant y adquirint en nom y a utilitad de la marmessoria... de *deners* procedens dels effets de dita *marmessoria».* Un acte de Moles, 18 février 1824, mentionne également l'acquisition d'une *pensio de censal* par X., prêtre de l'église paroissiale de Canillo, et X et Y, «en lo nom de marmessors testamentaris de Rosa X, acquirint y comprant a favor de la dita Marmessoria y de *deners propris* de la mateixa Rosa».

Tantôt encore, le testateur qui veut faire une fondation, est déjà créan-cier d'un *censal* et n'a besoin que de l'affecter à la fondation. Les *mar-messors* n'ont pas à faire eux-mêmes le placement de la somme. X voulant établir une fondation de messe, affecte comme dotation «un censal de capitalitat de 160 livres B° y pensio 8 libras que Nicolau Duedra esta obligat a correspondrer tots los anys à la mencionada *Marmessoria».*

La terre, sur laquelle est hypothéqué le *censal,* n'est pas considérée comme la source proprement dite du revenu mais comme un simple gage; c'est la somme prêtée qui produit le *censal,* c'est le *censal* qui supporte la fondation. Théoriquement la terre échappe à la fondation, et pratiquement aussi. La richesse que la fondation représente peut, à chaque instant, se dégager de son incorporation momentanée dans le sol et réapparaître sous sa véritable forme qui est la forme monnayée : cela arrive quand le censaliste ou le vendeur à réméré rachètent le *censal* ou

remboursent le prix de vente. On voit alors — phénomène juridique intéressant — l'argent se dégager sous sa forme concrète. L'acte du 22 décembre 1784, que nous venons de citer, nous le dit nettement : Si le débiteur
du *censal* ou le vendeur du pré rachètent : «en cas de quittacio del dit
censal del Prat se hage de depositar *son preu eu la arxiu de pecunias* de dita
Parrál Iĝla de Canillo de ahont no puga esser extret mes que al unich fi
de reesmers; y asso deura observarse tantas quantas vegadas esdevindra
alguna quitacio [1]». Le Formulaire de Morello s'exprime en des termes
identiques.

C'est en ce sens qu'on peut dire que la fondation se meut exclusivement
dans le domaine de l'argent, de la richesse mobilière, sans jamais affecter
directement la richesse immobilière.

C'est une question, qui semble devoir être résolue par la négative, que
celle de savoir si le défunt peut affecter directement un immeuble à une
fondation. L'acte du 22 décembre 1784 (Soldavilla), qui a pour objet une
fondation de messe, dans lequel on serait tenté de voir une preuve de la
possibilité d'affecter un immeuble à une fondation, doit en réalité s'entendre en sens contraire. Il est dit que les biens qui doivent servir à doter
cette fondation de messe seront convertis en argent par voie de vente à
l'Encant Public : «volent que per dits marmessors despues de seguida ma
mort sia pres inventari de mos bens y aquells en lo Encant Public *venuts al
mes donant* de qualsevol specie sian et del resultant de ells, pagats mos
deutes... vull que sian fundadas misses resadas». Mais rien n'indique
qu'il faille comprendre les immeubles dans ces biens vendus à l'«Encant».

Par ce que nous avons dit dans la première partie de notre travail, on
comprend que les immeubles, j'entends leurs revenus, ne pourraient guère
être directement affectés à la fondation.

Les immeubles, d'une manière générale, ne sont pas disponibles. Ils
sont liés et engagés dans ce fidéicommis de famille qui est la loi de succession des immeubles en Andorre et qui n'en laisse aucune parcelle dont
l'individu puisse librement disposer pour un but personnel. La loi fonda-
mentale du régime des biens et de la constitution de la famille rend la
fondation inoffensive en Andorre, en lui rendant impossible l'absorption
de la propriété immobilière.

Dans les limites que nous venons de voir, la fondation, — subsistant par
le *censal*, — peut se développer librement et pourvoir aux buts les plus
divers. Ici, ce sont des fondations de messes en faveur de tel ou tel individu
d'une famille; et en même temps le testateur fait en sorte que la fondation

[1] Pour éviter cette extrémité, l'acte du 22 décembre 1784 nous apprend que
les exécuteurs testamentaires ne trouvant pas de *censal* à acheter, peuvent faire le
placement des deniers affectés à la fondation en *achetant à réméré*. Dans l'espèce,
on achète un pré de 300 livres, que le prêtre de Canillo pourra *arrenter* au profit
de la fondation.

profite aux membres vivants de la famille; les messes devront être dites par le prêtre du lignage du testateur: «y si per algun temps y havia algun sacerdote de mon litnage o parentela, sian celebradas (las missas) per preferencia per aquel», ou a défaut par les prêtres de la parenté des marmessors et enfin, à défaut de ceux-ci, par le prêtre de la paroisse. Là, c'est une fondation pour les filles les plus pauvres de la paroisse; pour les femmes de telle ou telle famille se trouvant dans telle ou telle condition [1] (22 déc. 1784, Soldavilla); c'est une «causa pia fundada per estudiants» pour fournir quelques ressources aux jeunes gens qui étudient (25 janv. 1824, Moles); c'est encore une fondation en faveur de la «confreria de las ánimas de San Julia».

Indiquons brièvement qu'il y a différentes sortes de fondations. L'acte du 22 décembre 1784, qui est un acte intéressant entre tous, dit, par exemple : «Et no vull que dita fundacio de missas resadas, lasquallas presentaran ells (c'est-à-dire les marmessors y sos hereus successors perpetuament) y faran celebrar al sacerdote que ells voldran—sia intitulada beneficii ni capellania, sino fundacio de missas resadas, lasquallas presentarian ells y faran celebrar al sacerdote que ells voldran». Évidemment, cette dernière réserve doit avoir une portée pratique. Un beneficii ou capellania n'est pas une fondacio; l'un et l'autre sont soumis, au point de vue du droit canonique, à des règles différentes; l'intérêt pratique de la distinction gît, sans doute, dans les droits autres de l'évêque sur le beneficii ou capellania et la simple fondation.

La fondation reste, semble-t-il, plus particulièrement la chose du testateur ou des marmessors qu'il a nommés; elle est plus entièrement sous leur surveillance et à leur disposition. Ce sont les «marmessors» ou «administrators» de la «fundacio de missas» et «ab sos hereus successors perpetuament», qui ont seuls le droit de faire célébrer ces messes «al sacerdote que ells voldran». La fondation, classée comme chapellenie ou bénéfice, est administrée conformément aux règles du droit commun, et doit être pourvue d'un bénéficiaire ou d'un chapelain. — Dans une sentence du batlle, du 4 avril 1821, nous trouvons mentionné un «beneficiat de la villa de San Julia» à titre de demandeur pour la somme de 2 liv. 13, «que provenen de atrasos de pencions dal censal fundat ab beneficii baix invocacio de Sᵗ Germa de la vila de Loria». — Dans une autre sentence, du 24 juillet 1824 (Armengol), figure encore, comme demandeur, le même prêtre «obtentor del beneficii de Sᵗ Germa de Loria et lo consol de San Julia y en tal nom patrono dedit beneficii».

Nous avons dit ce qu'est la fondation, comment elle consiste essentiellement en l'affectation perpétuelle du revenu d'une certaine somme, placée

___

[1] Mᵐᵉ M. mère touche ainsi une pension modique établie au xviiᵉ siècle en faveur de la fille la plus pauvre de la famille.

successivement sur divers immeubles à titre de *censal*; comment elle est, en principe, inoffensive, vu son incapacité d'absorption directe des immeubles. Il nous reste à dire comment elle s'organise juridiquement.

La fondation est une disposition de dernière volonté, portant sur une somme d'argent. Que le testateur puisse ainsi disposer, à titre de *legs per damnationem*, d'une chose, d'une somme ne rentrant pas dans le fidéicommis du patrimoine familial, il n'y a rien là qui répugne aux principes du droit romain ni aux idées du moyen âge. A cette dernière époque de foi ardente, la destination pieuse du legs ne peut qu'en rendre l'accomplissement sacré. A un legs semblable, l'ambiance psychologique seule doit suffire pour assurer son plein effet, sans autre appui d'un mécanisme juridique. L'appui juridique ne lui a pourtant pas manqué. La fondation a dû se faire sa place dans le droit positif et utiliser les combinaisons que lui offraient les cadres juridiques existants. L'acte du 22 décembre 1784 nous fournit encore de cela un excellent modèle.

Il s'agit d'une fondation de messes. Le but dernier, c'est de travailler «en alabansa, honor y gloria de nostre S. J. y de la Sª e humila verge Maria y demes Sants de la cort celestial, per salut y repos de la anima del dit testador, de sos padres y demes per qui ell estaba obligat à pregar».

Le moyen, qui se confond avec la fondation même, c'est l'affectation d'un revenu déterminé au payement d'un certain nombre de messes basses. Le but est louable, sa réalisation peut être imposée à l'*hereu*, comme condition essentielle de son institution, et de même à ses successeurs. Mais, de tout cela, il ne se dégage la notion d'aucun lien juridique différent de celui qui attacherait à la volonté du défunt celle d'un vivant. Le droit du moyen âge ne trouve pas cela suffisant; nous allons le voir inventer des combinaisons multiples de liens réciproques, s'évertuer à substituer à ce lien entre le testateur défunt et l'héritier ou légataire vivant, des liens entre vivants et vivants, tout un système de sûretés personnelles et réelles.

D'abord, comme le veut le droit canon, la fondation ne peut légalement s'organiser qu'avec le concours et sous le contrôle de l'évêque. Les *marmessors* organisent la fondation «ab authoritat y decret del molt Illᵉ capitol de Canonges Prelats de la Iglia de Urgell com a administrador del Bisbat de Urgell, la sede episcopal vacant Illᵉ vicari general y official». C'est un principe absolu, fixé déjà par la législation de Justinien (l. 28, 46, 49, C. J. I. 3.), que l'évêque doit exercer un contrôle sur l'exécution des legs pieux, et prendre toutes les mesures nécessaires pour assurer le respect des dernières volontés du défunt. En Andorre, dans le cas d'une fondation, l'approbation de l'ordinaire doit être, en vertu d'un décret de la Mitre de 1790, sollicitée dans le délai d'un mois, sous peine d'une amende de 10 livres Barcᵗ. Acte du 6 mars 1824 (Moles) : «Se quedan advertidas las parts per mi lo infrascript notari de que lo present acte deu obtenir la approbacio ordinaria dins lo termini de hun mes proximo baix pena de deu liures de Barcelona».

Quant à l'organisation juridique proprement dite, voici comment nous la présente l'acte du 22 décembre 1784 (Soldavilla). Le premier soin du testateur est de nommer des exécuteurs testamentaires distincts de l'*hereu*. Ces *marmessors* sont dits «administradors de dita fondacio de missas», eux et leurs successeurs : «sos hereus successors perpetuament». Leur charge est d'organiser la fondation et de veiller avec fidélité à l'exact accomplissement des volontés du défunt : «pregant lo testador los vullen cuydar de que las ditas missas se celebran ab tot ponctualitat». Leur premier soin doit être de réaliser l'argent nécessaire à acheter le *censal* affecté à la fondation. Ils font faire inventaire des meubles et les vendent à l'encan. Puis, avec l'argent de la vente, ils achètent le *censal* ou les revenus destinés à doter la fondation. Ils ont une situation analogue au légataire fidéicommissaire du droit romain de la loi 28, § 1, C. J. I. 3 : «Et si quidem testator significaverit per quem desiderat redemptionem fieri captivorum, is qui specialiter designatus est, legati vel fideicommissi habeat exigendi licentiam et pro sua conscientia votum adimpleat testatoris», et des paragraphes 3 et 5 de la loi 46, même titre.

C'est en qualité de fidéicommissaire que le *marmessor* «ευσιβεων πράξεων διοικητής,» figure pour vendre, acheter, donner à la fondation qu'il s'agit de doter.

A qui donnera-t-il en exécution des volontés du testateur?

Le sujet concret de la donation sera la cure et la vicairie perpétuelle de la paroisse où doivent se célébrer les messes. Un contrat *do ut des* intervient entre le titulaire de la cure pour lui et ses successeurs et les *marmessors* agissant au nom du testateur : «Per mi et los meus successors en vicaria perpetua de Canillo *accepto la fondacio*, dotacio y demes cosas sobreditas en lo modo que sobre queda specificat y prometo annualament celebrar ó fer celebrar las missas que explica la present fondacio en tant quant bastian les productos de la sobredita dotacio y altrement cumplir lo demes que per thenor de la present scriptura a mon carrech vinga».

Du côté des *marmessors*, voici comment l'acte se trouve défini : «*Donam* (les *marmessors*) *y consignam* a Deu nostre Senòr y a dita pià fondacio y per alla al Reverent doctor en theologia Johan S. prestre y vicari perpetuo de la Parrä de Canillo present y baix acceptant y als seus successors». Les *marmessors donnent* pour que le prêtre de Canillo fasse ou fasse faire. Le lien de droit est parfaitement précis. Le curé de Canillo fera dire des messes, dans la mesure où le permettront les ressources de la dotation.

Ce lien de droit ainsi établi entre le défunt représenté par ses *marmessors* et le vicaire chargé de la prestation, chargé de faire, assez souvent on éprouve le besoin de le fortifier, de part et d'autre, par des *sûretés personnelles*. C'est ainsi que dans la dotation d'une *Causa pia* en faveur d'étudiants pauvres (acte du 25 janvier 1824 : Moles), le *marmessor*, qui dote la fondation, d'un *censal* «dona com *fiadors* a Estève Ricard à Angordany y a Miquel Casanas, losquals acceptant la carrech de *fiansa* e prometen que tant ab dit son principal com sens ell, junts y a solos à tot lo per aquel promes volent estan tinguts y obligats tot lo que tant lo *principal com fia-dors* prometen cumplir baix obligacio de tots sos bens».

Les sûretés personnelles n'empêchent pas, au reste, les sûretés réelles; et, à plus forte raison, quand n'interviennent pas de fidéjusseurs, a-t-on soin de stipuler des sûretés réelles. Comme garantie que les *censaux* et revenus servant à la dotation de la fondation seront exactement servis à la cure créancière, les *marmessors* engagent tous les biens de la succession : «Los marmessors obligan al mencionat Rñt vicari perpetuo y successors tots los bens y drets de dita Marmessoria mobles è immobles haguts y per haver».

Du côté de la vicairie perpétuelle, qui se charge d'exécuter ou de faire exécuter les clauses de la fondation, il y a également constitution de sûretés réelles : «La Rñt vicari perpetuo de Canillo promet annualement celebrar è far celebrar las missas que explicà la fondacio, en tant quant bastian los productos de la sobre dita dotacio y altrament cumplir lo demes que per thenor de la present scriptura a mon carrech vinga y, per lo cumpliment de las referidas cosas, *obliga tots bens y reddits* de la vicaria perpetua». Quelle est la portée de cet engagement? Comment la négligence du vicaire à faire célébrer les messes spécifiées peut-elle être poursuivie sur les biens de la vicairie? Nous ne saurions le dire.

Par ce qui précède, on voit, en tous cas, les diverses tentatives faites pour assurer à la fondation une assiette juridique solide; comment, en dépit de la foi de l'époque, on a éprouvé le besoin de la couler, pour ainsi dire, dans un système compliqué d'obligations mutuelles entre vivants,

On remarquera, en dernier lieu, que la volonté du défunt a besoin, pour faire respecter ses décisions indéfiniment, de l'appui du bénéfice de la cure ou vicairie, tenant elle-même sa perpétuité d'existence de la perpétuité et de la nécessité de la fonction pour laquelle elle existe. Toute l'organisation ecclésiastique, tout le droit des fondations repose, à ce point de vue, sur le réalisme mystique qui fait l'essence de l'Église.

Ainsi solidement établie sur la foi de l'époque, sur la métaphysique religieuse et sur les artifices du droit, la fondation a sa vie assurée pour aussi longtemps que subsistent les revenus de sa dotation. Dans le cas où, par force majeure, le revenu de la dotation disparaît, la fondation prend fin; c'est la nature du contrat *do ut facias*. Par exemple, le terrain dont le revenu est affecté à la fondation disparaît dans un tremblement de terre, par suite d'une inondation, d'un éboulement, ou encore l'argent, employé à acheter un *censal*, est remboursé par le censaliste, et, ne trouvant pas immédiatement de nouvel emploi, reste stérile dans la caisse de la paroisse.

On peut se demander si ce n'est pas en vue de cette éventualité que s'est introduite la pratique d'engager, à la garantie de la fondation, tous les biens «meubles et immeubles, présents et à venir, de la succession» du fondateur.

Nous serions porté à admettre que la sûreté réelle, constituée sur l'ensemble de la succession, est établie surtout en vue du cas où c'est par la mauvaise volonté de l'*hereu* ou de ses successeurs, par leur esprit de chicane, que sont détournés de la fondation le *censal* ou le revenu qui lui ont été affectés.

L'esprit général de la coutume répugne à affecter, même indirectement, à une fondation toute une hérédité [1].

B. Il nous faut maintenant, pour terminer, dire un mot de ces «personnes juridiques», qui ne reposent pas sur une pensée de piété ou de bienfaisance, qui ne reçoivent pas consistance des artifices du droit, mais qui sont l'œuvre de l'histoire très ancienne et des conditions économiques générales dans lesquelles vivent les groupes de population de l'Andorre : je veux parler du corps des communes, des communes mêmes, des sections de communes qu'on appelle les *quarts;* toutes corporations et personnes juridiques ayant leur vie propre, leurs droits, leurs obligations, leurs patrimoines distincts.

Il faut d'abord bien comprendre le trait propre du régime économique de l'Andorre.

Ce trait, c'est la coexistence de la propriété collective, développée dans de larges proportions, et de la propriété privée. La propriété collective existe, plus ou moins, partout. Mais, dans la plupart des contrées, elle ne joue, de nos jours, et tend à ne jouer, de plus en plus, qu'un rôle tout à fait secondaire. Dans le plus grand nombre de nos communes de France, par exemple, le *communal* qui n'existe plus, ou existe à peine, ne touche en rien le paysan, le petit propriétaire. Que lui importe que la commune en retire 30, 50 ou 100 francs? Cela ne saurait améliorer sa situation. Le paysan français, d'une manière générale, ignore donc le communal.

_____

[1] Une fondation, d'une espèce toute particulière, qu'on nous cite comme existant aux Escaldes, semblerait cependant montrer que ce cas n'est pas absolument impossible. Un bien d'une valeur d'une vingtaine de mille francs a été affecté par le testateur originaire à la dotation du représentant d'une certaine famille, réalisant telles et telles conditions, que je n'ai pu connaître. Ce représentant, une fois choisi, doit redemander, chaque année, au *consol major* des Escaldes à être maintenu en possession du bien. Le titulaire actuel (1900) ayant fait cession de biens, la casa en question n'a naturellement pas été comprise dans la *cessio*, mais les revenus en ont été affectés à désintéresser les créanciers (Reçu par Calva, syndic général).

En Andorre, il n'en est pas ainsi; le communal, c'est presque la moitié de la vie économique de l'Andorran; c'est, tout au moins, pour lui, le confort, l'aisance. La *casa*, l'*heredad* se compose essentiellement de la propriété d'un nombre plus ou moins grand de lopins de terre (la conformation du sol ne se prête guère à la grande étendue des champs) et du droit de prendre dans les forêts communales le bois (de chauffage ou de construction) dont il peut avoir besoin, et de celui d'envoyer à la *solane* et dans les autres pâturages communaux le nombre de bêtes qu'il peut entretenir l'hiver. Le communal, c'est, pour l'Andorran, la possibilité de faire de l'élevage : la seule industrie qui accommode un peu sa maigre vie.

Les lopins de terre cultivable lui fournissent du blé, du maïs, des pommes de terre excellentes, des betteraves, pour se nourrir lui-même maigrement et pour nourrir maigrement ses cochons. Les prés de la vallée ou ceux des pentes inférieures de la montagne, qu'arrose *lo rech*[1] (la prise d'eau dérivée à 4 ou 5 kilomètres plus haut, à un niveau supérieur du torrent) lui donnent le moyen de faire passer tant bien que mal l'hiver à ses 2, 3, 10, 15, 30, 50 mules, mulets, chevaux, ânes, vaches, veaux; à ses 50, 100, 500 moutons. Mais c'est le pâturage communal qui, le printemps venu, fait profiter les bêtes lâchées dans la montagne ou par la *solane* et qui lui permettra de les vendre plus tard, — moutons, vaches, veaux, en France, à Ax, à Foix; à Saillagouse et à Bourg-Madame en Cerdagne; — mules, mulets, ânes surtout en Espagne.

Et cela de temps immémorial. A toute époque, les Andorrans sont descendus dans la plaine de Toulouse, sont venus jusqu'à Auch, jusqu'en Poitou chercher les jeunes mules, mulets et ânons qu'ils envoient au communal pour les revendre plus tard, grands et dressés, le pied sûr, pleins de prudence et de bonhomie, aux Espagnols graves.

C'est ainsi que le communal joue un rôle économique de premier ordre dans la vie de ces populations, et que le corps des vallées, les communes, les *quarts* de commune ont tous leurs biens, leurs pâturages propres.

Sur les cartes du pays on trouve des mentions comme celles-ci : bois d'Encamps, bois d'Andorre, d'Angordany, etc., pâturage de Soldeu, de Canillo, etc. Et chaque commune, chaque *quart* défend jalousement ses bois et ses pâturages. Des règlements émanés du conseil général, du conseil de la commune, du conseil de quart en fixent le mode d'exploitation et prononcent des amendes contre les contrevenants; car il n'est pas rare même là, que l'habitant d'une commune ne résiste pas à la tentation de prendre, où qu'il soit, dans le bois du *quart* voisin ou de la commune voisine, tout comme si c'était celui de son quart ou de sa commune, le sapin ou le chêne à sa convenance.

On comprend que la *commune* et le *quart* doivent être des corps autre-

---

[1] Ou *arrech* dans les textes.

ment vivants que la commune et section de commune dans la plus grande
partie de la France, où elles ne sont guère que des créations artificielles
du droit pour des buts simplement politiques et administratifs. En Andorre, chacun est directement intéressé à la conservation des biens de la
commune ou du quart auquel il appartient. Même la conservation des
bois ou pâturages appartenant à l'ensemble des vallées ne saurait lui
être indifférente. Il sait que les revenus que l'Andorre retire de la location
des pâturages, qu'elle possède en trop, aux communes riveraines françaises
comme Mérens, par exemple, ou aux *mestes ramadiès* de l'Ariège ou des
Pyrénées-Orientales, seront utilisés pour l'entretien des routes, des arrechs,
ou toute autre œuvre d'utilité générale, dont il ressent les effets. Parfois
même, c'est une distribution, faite par *cap de casa*, de l'argent provenant
de l'exploitation de ces ressources qui vient rendre plus vif pour chacun le
sentiment de la communauté d'intérêts de tous les membres du groupe.

Il y a encore une autre chose qui a contribué à ce résultat, c'est qu'aucun élément de la population n'a réussi à s'assurer sur les communaux
un droit privilégié. Les pâturages ayant été, semble-t-il, toujours plus
que suffisants, les familles les plus riches n'ont pas eu d'intérêt primordial
à se faire reconnaître sur les *communs* des droits particuliers et exclusifs :
on sait que le contraire est arrivé dans la communauté germanique et
qu'il faut voir là une des causes déterminantes de la transformation du *vicus
publicus* en seigneurie. Le communal andorran est toujours resté au même
point la chose du pauvre et celle du riche.

La commune, le quart de commune, le corps des vallées sont donc des
corporations bien vivantes, propriétaires, pouvant faire tous les actes de
propriété. Elles ont des bois, des pâturages, des maisons communes, des
maisons d'écoles; on trouve même le conseil des communes mêlé de la
plus étroite façon à l'administration ecclésiastique de la paroisse et formant alors comme un conseil de fabrique qui a la haute main sur
tous les biens et revenus affectés à la vie religieuse des habitants. Nous
en avons un curieux exemple dans un acte du 20 décembre 1784
(Soldavilla) : « Lo comu de Canillo, les 2 consols, 2 conseillers, 10 prohoms convocats y congregats ab so de campana en la casa de Canillo
constatant que la administratio de las 3 capellas situadas fora la muralla
de Canillo y en son terme ha patit alguns destriments y que estos han
redundat en prejudicis de las rendas o reddits destinats per la manu-
tencio de aquellas, revocan en lo expressats noms la eleccio dels sacristans
per qui corrià la administracio de las referidas capellas y volens que perpetuament se arregla esta administracio en la mateixa conformitat que
se stila en Iglà Parràl de Canillo... y que lo administrador o administradors nombrados — tindran obligacio de presentar annualment al comu y
parroco de Canillo lo aransel de la administracio ab sa carga y data ». Le
curé s'engage pour lui et ses successeurs à respecter lesdits arrangements.

Cette corporation de la commune ou du quart peut acheter, prêter par
ses conseillers. Nous voyons, dans un acte du 7 avril 1796 (Soldavilla), le
quart des Escaldes engagé dans des transactions juridiques assez compli-
quées. Dans la cession de biens de X., qui a eu lieu en 1773, le quart a
reçu en payement de sa créance, par les mains du batlle, en la personne
de A. Ricart, de Angordany «en nom del predit consell de quart», un pré
sur lequel le cédant conserve un droit de réméré. A la date de notre acte,
l'hereu du cédant dégage le pré vendu autrefois, et le quart le lui rétrocède
en s'engageant à respecter cette rétrocession : «baix obligacio de tots los
bens, credits y emoluments de dit consell de quart».

Par acte du 10 mai 1796 (Soldavilla), ce même quart des Escaldes
achète un censal avec l'argent provenant de la «lluhicio y quitacio» d'un
autre censal. Cela nous permet de nous représenter le quart ou la commune comme une simple fondation, capable de recevoir de l'argent par
don et legs et le plaçant comme ces dernières sous la forme ordinaire et
licite du censal. Dans l'acte en question, le quart est représenté par le
«consol minor d'Angordany, un conseller, 2 prohoms com a commissionats dell consell de quart comprant y adquirint en nom y utilitat, del mateix quart». Le vendeur du censal, comme d'habitude et comme il l'eût
fait à une simple fondation, «per compliment de la dites cosas oblige spe-
cialment tôt aquel pret, generalament tots sos bens», et fait élection de la
juridiction du batlle sous peine du terç.

Pas plus que la fondation, ces personnes morales de la commune, du
quart, ou du corps des vallées ne me paraissent pouvoir recevoir directement, à titre de dons ou legs, des immeubles faisant partie de l'hérédité
des casas.

Il faut faire une place à part dans le régime des biens aux terres qui
apparaissent de loin en loin dans les actes et auxquelles le Politar consacre
un de ses derniers chapitres sous le nom de Comtals ou Condals. Les comtals
sont des terræ, des fundi comitales que les comtes d'Urgell ont autrefois
donnés en toute propriété à l'évêque et au chapitre de cette ville, et que ces
derniers afferment au plus offrant. A s'en rapporter aux indications du
Politar, il n'y a pas une des six communes que comprend l'Andorre qui
n'ait des comtals appartenant tantôt à l'évêque et tantôt au chapitre. «Los
arrendadors dels condals de la parroquia de Ordino no paguen res al Bisbe;
que dits condals son del IIIᵉ Capitol», lisons-nous à la page 427. Dans cette
même paroisse d'Ordino, nous voyons (p. 428) un même individu,
don Guillem d'Areny, payer pour 6 condals en qualité d'arrendador. Ces
condals paraissent du reste avoir été, dans chaque paroisse, des champs
d'étendue relativement grande et de première qualité. Il est tout naturel
que le pouvoir royal, dont les comtes tiennent originairement leur dotation, ait su se faire faire la part du lion, et que, dans la suite, le pouvoir
comtal l'ait maintenue intacte.

De grandes corporations (syndicat des vallées, communes, quarts), dont le droit de propriété se réalise par un droit d'*usage* de tous les membres de la corporation; — des bénéfices ecclésiastiques dont la dotation consiste en redevances en nature fournies par les communes (auxquelles était jointe autrefois une certaine quotité des dîmes perçues dans le territoire de la paroisse) et dans le revenu de *censals* plus oumoins nombreux; — des fondations privées, dotées en revenus de *censal* presque exclusivement : bénéfices et fondations également incapables d'acquérir des immeubles; — tout ce qui est bois ou pâturages soustrait à l'accaparement individuel; — la propriété privée s'attachant presque exclusivement à la terre arable du fond de la vallée et de la pente inférieure des montagnes, et restant moins la chose propre de l'individu que de la famille régie par une suite de chefs, simples usufruitiers fidéicommissaires, avec faculté de nommer leur successeur : — voilà d'un mot, étroitement unis, le régime de la famille et celui des biens. Il n'échappe pas que, dans ce système, l'immeuble, la terre est la moins libre qui se puisse imaginer. Propriété d'entités juridiques, qui ne meurent pas, le bois, le pâturage échappent presque à tout contrat, à toute transaction privée. La terre cultivable, grevée à perpétuité d'un fidéicommis au profit du groupe familial ou, si l'on veut, de la série des *hereus* futurs, est, elle aussi, enserrée dans un système de liens, de *vincles,* qui l'immobilisent à peu près complètement. Nous avons vu comment la faculté perpétuelle de rachat qui est le droit commun de la vente et du *censal,* permet de faire rentrer à tout moment l'immeuble dans le système des biens dont il a originairement fait partie.

Les transactions portant sur les immeubles sont donc très rares. Seul le *cap de casa* peut disposer d'immeubles sous les conditions que nous avons vues. La plupart des individus restent fils de famille au sens du droit romain, serait-on tenté de dire, n'ayant de toute leur vie occasion de contracter. Il ne faudra pas s'étonner que le droit contractuel ne tienne pas une grande place dans le système du droit andorran et ne présente pas une grande originalité.

G. PLATON.

TABLE DU MÉMOIRE

RELATIF AU RÉGIME DE LA FAMILLE DANS SES RAPPORTS AVEC LE RÉGIME DES BIENS
EN DROIT ANDORRAN.

———————

CPSIA information can be obtained at www.ICGtesting.com
Printed in the USA
BVOW06s0832091215

429838BV00030B/705/P

9 781160 083416